何度でもつくりたい幸せの味

ひとり暮らしのおうちごはん

ひろ

シンプルだけど
自由に楽しめる
自分だけの食卓を

ひとり暮らしをしていると、
食事はつい手抜きになりがち。
外食やコンビニに頼ってしまうこともしばしば。
でも、ひとり暮らしだからこそ、
自分のペースで自由に創造できるはず。
料理の基本がわかると、アイデア次第で
無限に広がる世界が待っています。
毎日の食事をもっと楽しみましょう。

はじめに

こんにちは。

本書を手に取っていただきありがとうございます。

私は小学生の頃、母のお手伝いをきっかけに料理をはじめ、

徐々に品数やレパートリーを増やしていく中で、

記録としてSNSにおうちごはんの写真や

レシピをアップしてきました。

本書では、作っているときも食べているときも

幸せな気分になれるような、

豊かな食生活を送るためのレシピや

ヒントを集めてみました。

料理を始めたばかりの方から、

料理に慣れ親しんだ方まで、

幅広く楽しんでいただける本になっています。

皆様にも料理や食事の楽しさ、素晴らしさを

改めて感じてもらえたらと思います。

ひろ

CONTENTS

4 はじめに

8 本書の使い方

Part 1 料理のきほんを知ろう

10 持っておきたい調理道具

12 食材の切り方

14 揃えておきたい基本調味料

16 狭いキッチンの使い方

18 作業効率UPのルール10

20 使い勝手がいいおすすめ食材

22 効率のよい買い物の仕方

24 食べるのが楽しくなる！献立の決め方

26 作り置き保存の仕方

28 ごはんの炊き方

30 コンロの効率的な使い方

Part 2 まずはごはんにプラス一品レシピ

32 なすとピーマンと豚肉のケチャップみそ炒め

34 豚肉のみそ漬け焼き

36 豆腐チャンプルー

38 チーズタッカルビ

40 鶏肉じゃが

42 鶏むね肉とじゃがいものチンジャオロース

44 鶏肉のトマトクリーム煮

46 基本のハンバーグ

48 プルコギ炒め

50 牛肉と厚揚げのすき煮

52 鮭とじゃがいものみそバターホイル焼き

54 エビとアスパラガスとじゃがいものペペロン炒め

56 のり塩ジャーマンポテト

58 【column ❶】お気に入りの器を見つけよう

Part 3 これだけでOKの麺・どんぶりレシピ

60 鮭とキャベツのペペロンチーノ

62 ミートソースパスタ

64 海鮮焼きうどん

66 塩レモン焼きそば

68 トマトとツナのさっぱりそうめん

70 ねぎ塩豚丼

72 鶏肉の甘辛丼

74 ビビンバ丼

76 エビ玉丼

78 【column ❷】素敵なデザートタイムを自宅でも

Part 4
チャレンジ！一汁一菜レシピ

80 豚こまチャプチェ＋焼きなすのみそ汁

82 豆腐でふんわり豚つくね＋
ケチャップでミネストローネ

84 玉ねぎの肉巻き＋
定番豆腐とわかめのみそ汁

86 豚薄切り肉の竜田揚げ＋
サバ缶の冷や汁

88 焼き油淋鶏＋
きのことベーコンの豆乳スープ

90 やみつき名古屋風手羽先＋
玉ねぎと落とし卵のみそ汁

92 むね肉で鶏マヨ＋白菜と麩のみそ汁

94 ささみの南蛮漬け＋
さつまいもと油揚げのみそ汁

96 牛肉とトマトの洋風炒め＋ポトフ

98 厚揚げのニラもやし炒め＋
鶏肉と焼き長ねぎのスープ

100 【column ❸】
魚介のだしがきいたパエリア

Part 5
ステップアップ！一汁二菜レシピ

102 豚バラ大根のコク旨炒め煮
かぼちゃの煮物
チゲ風味みそ汁

106 豚こましょうが焼き
マカロニサラダ
小松菜と油揚げのみそ汁

110 レモンチキン
春雨中華サラダ
カレーポテトスープ

114 手羽元の甘酢煮
れんこんとベーコンのガリバタ炒め
かきたま汁

118 焼き鳥丼
しらすと枝豆の白和え
ひじきの煮物
なめことオクラと豆腐のみそ汁

122 ブリの照り焼き
だし巻き卵
豚汁

126 【column ❹】
自由に楽しむ大人様ランチ

Part 6 絶対役立つ　副菜・作り置きレシピ

128（野菜の旬カレンダー）

130 キャベツ
塩ダレキャベツ
カニカマコールスロー
キャベツとウインナーのカレー炒め
キャベツの明太子炒め

132 もやし
もやしのおかか和え
もやしとひき肉のごまみそ炒め
もやしとささみの旨辛ナムル
もやしとわかめのうめポン酢和え

134 トマト
トマトのわさびじょうゆ和え
万能トマトソース
ミニトマトのレモンマリネ
ミニトマトのだし煮

136 きゅうり
きゅうりとカニカマのピリ辛和え
旨辛たたききゅうり
きゅうりとたこの酢の物
きゅうりとささみのごま和え

138 なす
なすの揚げ浸し
なすとピーマンのみそ炒め
なすのしょうが焼き
なすと長ねぎの肉みそ

140 ピーマン
ピーマンとちくわのきんぴら
ピーマンの肉詰め
ピーマンとツナのオイル炒め
ピーマンと鶏肉のカレー炒め

142 じゃがいも
基本のポテトサラダ
じゃがいものナポリタン風炒め
じゃがいもの甘みそ炒め
じゃがいもとひき肉のピリ辛炒め

144 玉ねぎ
玉ねぎのおかか和え
玉ねぎたっぷりキーマカレー
玉ねぎとツナのガーリックコンソメ炒め
玉ねぎと豚肉のハニーケチャップ炒め

146 きのこ類
きのことベーコンの麺つゆバター炒め
しいたけの佃煮
きのこの和風マリネ
エリンギの明太マヨ炒め

148 ねぎ
長ねぎのナムル
長ねぎと豚こまのキムチ炒め
ねぎみそ
長ねぎの焼き浸し

150 ブロッコリー
ブロッコリーとエビのサラダ
ブロッコリーとベーコンのバター炒め
ブロッコリーの茎でザーサイ風
ブロッコリーのごまみそ和え

152 にんじん
にんじんとごぼうのきんぴら
にんじんのチヂミ
にんじんしりしり
にんじんのツナマヨ和え

154 大根
大根とひき肉の煮物
大根のおかか和え
大根とカリカリじゃこの和風サラダ
大根とにんじんのきんぴら

156 ほうれん草・小松菜
ほうれん草と油揚げの煮浸し
ほうれん草のごま和え
小松菜としらすのふりかけ
小松菜と鶏肉のそぼろ

158 白菜
白菜とツナの和えもの
白菜と豚バラ肉の旨塩煮
白菜と厚揚げの旨煮
白菜の浅漬け

本書の使い方

料理の流れがわかるようにチャート図と作り方をそろえています。チャート図の縦列が材料、横列は作り方の手順で作業の流れがわかるようにしています。

材料

本書では作りやすい分量を優先しています。2人前が多い場合、炒めもの関連は半分の量で作ってください。

a

料理の見栄えをよくする付け合わせです。作らなくてもメインの料理に影響はありません。

調味料

味付けに使用する調味料です。材料をあらかじめ混ぜておくとよいでしょう。

汁もの

Part 4では汁もののレシピを囲みで表します。各材料は( )内に記載しています。

工程写真

作り方のうち「焼き色」などのポイントを写真で紹介。作り方のA B Cと対応しています。

みじん切り▼ **作業工程**：材料を切ったり焼いたりする工程を表します。

サラダ油＋ **足す材料**：作り方の手順で、付け足す材料です。

5分 **作業時間**：煮たり休ませたりする時間を記載しています。

- 大さじ1は15 ml、小さじ1は5 ml、ひとつまみは3本の指で軽くつまんだ量、少々は2本の指で軽くつまんだ量が目安です。
- 特に記載がない場合は、しょうゆは濃口醤油、こしょうは黒こしょうを使用しています。
- 麺つゆは3倍濃縮のものを使用しています。
- ニンニク、しょうがは、特に記載がない場合はすりおろしたものを使用しています。チューブを使用しても構いません。
- 野菜類で特に記載がない場合は、洗う、皮を剥く、芽やヘタ、種を取り除くなどの下処理を済ませたもので説明しています。
- 卵はMサイズを使用しています。
- 電子レンジは600Wのものを使っています。500Wの場合は加熱時間を1.2倍にしてください。機種によって多少差があるので様子を見て加減してください。
- 火加減は記載のないところは基本的に中火です。調理器具に応じて、火加減を見ながら調整してください。
- Part 6に記載されている作り置きの保存期間はあくまでも目安です。できるだけ早めに消費しましょう。料理を保存するときはしっかり冷まし、清潔で乾いたはしやスプーン、清潔な保存容器を使ってください。

Part 1

料理のきほんを知ろう

まずは料理の基本をおさらいしていきましょう。
調理器具の基本的な扱い方や、そろえておきたい調味料、
狭いキッチンの活用方法のほか、自炊におすすめの食材や
献立の決め方、作った料理の保存方法なども解説していきます。

持っておきたい調理道具

まな板

木製のまな板は刃当たりが柔らかく、包丁が長持ちする。肉用、野菜用と分けておくと衛生的。

包丁

普段使いには三徳包丁や牛刀がおすすめ。先端が尖っているので、肉の筋切りや魚の処理もしやすい。研げば一生使える。

大さじ 小さじ

計量スプーン。柄が長くて持ちやすいものが扱いやすい。液体は表面ギリギリ、粉末はすり切りで量る。

計量カップ

150～200mlくらいまで測れればOK。平らな場所に置いてめもりを横から読んで計量しよう。

おたま

スープなどをすくうときの木製おたま。もちろんステンレスでも大丈夫。シリコン製なら炒めものにも使える。

へら

木べらはチャーハンなどの炒めもののほか、食材を粗く潰す際に使う。シリコン製は炒めものをお皿に盛るとき、ソースやタレをしっかりすくえる。

収納するのも大変になるので、調理道具は必要なものだけを
コンパクトに揃えるのがよいと思います。シンプルなデザインのものが好きです。

トング

パスタなど麺を扱うときに欲しい道具。先端がシリコンだとフライパンを傷つけない。

ピーラー（皮むき）

野菜や果物の皮をむく道具。包丁に慣れていないと難しいじゃがいもなどの皮むきも、ピーラーだと刃を当てて引くだけで簡単にできる。

ボウル

ざる

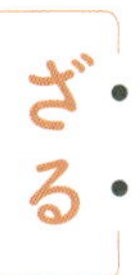

ボウルは調味料を和えたり小麦粉などの粉を混ぜたりするときに便利。ざるは食材を洗うときや水気を切るときに使う。

キッチンバサミ

ねぎや柔らかい葉野菜などは、キッチンバサミで切ると、まな板を出さなくてもよいのでとても楽。

鍋

煮物にみそ汁と大活躍。大小サイズ違いを持っておくと用途によって使い分けもできて便利。

フライパン

テフロンなど加工があるほうが食材がくっつかず油も少なくて済む。24cmくらいでフタも揃えるとベスト。

食材の切り方

包丁の持ち方

包丁は5本の指でしっかり柄を握る。硬いものを切るときは、親指と人差し指で柄の付け根部分を挟むとブレにくい。

千切り

1〜2mmくらいの細さに切る。キャベツは数枚を丸めると切りやすい。

輪切り

切り口の丸い食材を端から切る。厚みは料理によっていろいろ。

小口切り

ねぎやきゅうりなどの細長いものを端から切る。

半月切り

断面が丸い食材を縦半分に切って、端から切る。

短冊切り

長さ4〜5cm、幅1cmくらいの、短冊のような形に切る。

食材の切り方にはそれぞれ名称があるので、
覚えておくとレシピ本を読むときも迷いません。

みじん切り

細かく刻むこと。粗みじん切りはざっくりみじん切りにすればOK。

いちょう切り

断面が丸い食材を縦4等分に切って、端から切る。いちょうの葉に似ていることから。

さいの目(角)切り

食材をサイコロ形に切る。5mm角で切ると「あられ切り」に。

ななめ切り

材料をななめに切る。切り口が大きくなり、調味料のなじみがよくなる。

ざく切り

一口大くらいになるように、ざくざくと切る。

乱切り

棒状の野菜を90度にまわしながらななめに切る。大きさを揃えるのがコツ。

揃えておきたい基本調味料

しょうゆ

こいくちとうすくちがある。食材の色や味を活かしたいときはうすくちを、煮つけやタレで香りやコクを出したいときはこいくちを使う。

塩

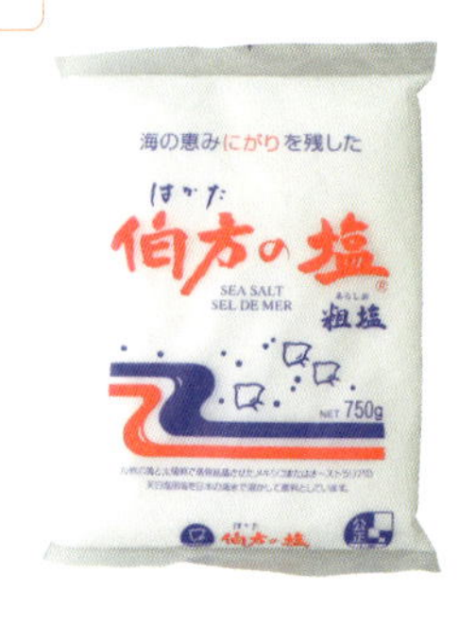

料理では幅広く使うなら、粒が細かいサラサラとした塩が適している。塩味が強すぎず、過度に主張しないものが日常使いにはよい。

砂糖

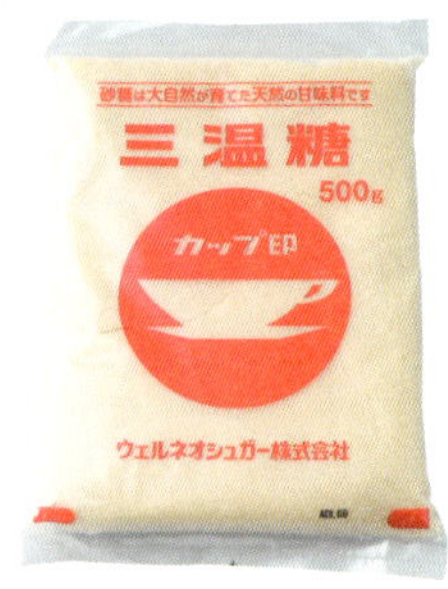

三温糖は上白糖よりも風味があり、料理に使うことで深みやコクを与えてくれる。煮物や佃煮などにおすすめ。

みりん

みりん風調味料はアルコールをほとんど含まない、みりんに似た調味料。長期間熟成して作られる「本みりん」がおすすめ。

料理酒

料理酒は、日本酒に塩を添加したもの。清酒を使う場合は、塩分を少しプラスして。

酢

米酢、穀物酢、りんご酢などさまざまな原料で作られているが、クセのない米酢もおすすめ。

メーカーによって味が少しずつ違うので、味見をしながらさじ加減を考えてみてください。
好みの調味料が決まってくると、使う分量もわかってきて味付けもブレなくなります。

油

サラダ油、ごま油、オリーブ油など、料理に合わせて使う種類を変えると、風味がより豊かに仕上がる。

みそ

麦みそ、米みそ、信州みそ、赤みそ、白みそなどいろいろな種類があるので、好みのみそを選んで。

スープの素

鶏がらスープの素や顆粒コンソメを揃えておくと、中華風や洋風の味付けをするのが手軽に。

だし系

麺つゆ、白だし、顆粒和風だしなどがあれば、だしを取らなくても和食がじょうずに作れる。

Point

にんにくとしょうがについて

この本では、にんにくとしょうがのすりおろしがよく出てきます。チューブのものでもおいしくできますが、自分ですりおろすと香りは格別です。それぞれの1片のサイズを参考にしてみて。

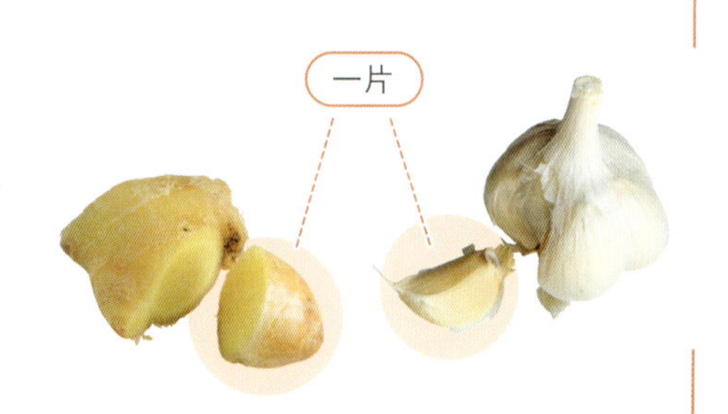

Part 1 料理のきほんを知ろう

狭いキッチンの使い方

❶

食器は多すぎず少なすぎず

必要な食器だけを買い、出しやすいようにしまっておく。濡れたまま置かず、ちゃんと拭こう。

❷

まな板は立てかけて収納できるように

まな板は立てかけて収納すれば水気も切れてカビない。使うときはさっと洗い流してから料理をはじめよう。

❸

壁もじょうずに使おう

鍋のフタ、小さなフライパンなどは壁面収納が便利。壁や換気扇のまわりなど、吊るせそうな場所は有効活用。

❹

水切りラックで作業スペースを広げる

折りたためる水切りラックなどをシンクに渡して、洗い物を置くなど、スペースを有効活用しよう。

スペースが限られているので、工夫をして効率よく料理を進めましょう。
洗い物は料理しながら済ませるなど、手順よく進めましょう。

5

いつも使う調味料は わかりやすく

スパイスや塩、砂糖など、常温保存できるものは出しておいてもよし。瓶や透明の容器に入れれば減ってもすぐにわかる。

6

掃除のことも考えて 収納を

コンロまわりは油が跳ねるので、ものを置くと掃除が大変に。油やしょうゆなど大きなものはなるべくしまおう。

7

フキンやゴミ袋は 手が届きやすい場所に

フキンやゴミ袋は、パッと使える場所にあると清潔なキッチンを保ちやすい。フックで吊るすと場所を取らない。

8

生ごみ対策は必須

水切りネットと三角コーナーが便利。しっかり水切りできるのでにおいも少なく、生ごみが捨てやすい。

作業効率UPのルール10

1 レシピを事前に確認しておく

料理を始める前に、作る料理のレシピをしっかり確認して頭で作業工程をイメージしておく。必要な材料や手順を把握しておくことで、あれこれと迷わずに効率よく進められる。

2 探しものをしない

調味料や調理道具など、どこやったっけ……と探していると、時間のロスに。いつも決まった場所に戻して、冷蔵庫内の食材も整理し、探しものをする時間をなくす。

3 使いやすい道具を使う

自分の使いやすい包丁やまな板、さじなどを見つけよう。道具の使い方に慣れると時短になるので、包丁も繰り返し使うと早く切れるようになる。

4 下準備に時間のかかるものから先に作る

塩をふって10分おく、水に浸しておくなど、下準備に手間がかかるものは先に作業し、待っている間に他の料理の下準備を始めよう。

5 コンロでお湯は沸かさない

一口または二口コンロで2〜3品作るなら、コンロは埋まってしまうので、電気ケトルがあると便利。お湯が必要なときはケトルに頼ろう。

料理は段取りが重要。パッと作ってパッと食べられるように、
段取りを考えて料理してみましょう。

6 洗い物はすぐにする

加熱している間など、少し時間があるときに洗い物はすべて片付けてしまおう。いつもシンクはキレイにして、料理ができあがるときに洗い物がゼロになっていることを目標にしよう。

7 保温調理を積極的に利用

煮込み料理など、ずっと火を使って加熱していると時間がかかってしまう。鍋を火からおろし、バスタオルなどで包んで余熱でゆっくりと加熱することもできる(肉類や乾麺など時間によっては適さない場合もある)。

8 夜仕込んで翌日はパッと料理できるようにする

疲れて帰ってきて、イチから夕飯作りをするのは結構大変。前夜に下準備だけしておく、合わせ調味料だけ計っておくなど、ちょっとした仕込みをしておくと楽。

9 電子レンジはじょうずに活用

下ゆでが必要な食材は、電子レンジを使うのが便利。火が通りにくい食材はあらかじめチンしておくと、コンロの上での時間も短縮できる。

10 献立は冷蔵庫のなかを見て考える

買い物のときに献立を決めてしまうと、その食材が今日に限って高かったりすることもある。使いやすい食材を買っておいて、そのなかで献立を決めていくと効率的。

使い勝手がいいおすすめ食材

その日安く買えるものや食べたい食材、まとめ買いしても傷みにくい食材などを買っておいて、じょうずに使い回してください。

玉ねぎ

保存性が高いので、もっとも使いやすい。余ったらみそ汁やスープにもなり、どの料理に入れてもおいしく食べられる。春に出回る新玉ねぎは生で食べられるので旬の時期を逃さずに。

P.56 のり塩ジャーマンポテト
P.84 玉ねぎの肉巻き

にんじん

千切りでサラダにしたり煮物に使ったり、七変化が得意な野菜。栄養価も高いので、野菜が足りないと感じたらにんじんをプラス。

P.80 豚こまチャプチェ
P.97 ポトフ

じゃがいも

保存性は高いが気がつくと芽が出たりフカフカになってしまうので、早めに使いたい。ホクホクさを求めるなら男爵、煮崩れを防ぐならメークインを選んで。

P.40 鶏肉じゃが
P.52 鮭とじゃがいものみそバターホイル焼き

もやし

食費の高騰を防ぐ救世主。賞味期限は短いので、すぐ使わないときはボウルに入れて水にさらしたまま冷蔵庫で保存、水を毎日取り替えると長持ちする。

P.36 豆腐チャンプルー
P.66 塩レモン焼そば

長ねぎ

みそ汁にも煮物にも、ちょっと入ると彩りもきれいに。使いきれない分は小口切りやみじん切りにして冷凍しておくと、使いたいときにパッと入れられる。

P.50 牛肉と厚揚げのすき焼き煮
P.88 焼き油淋鶏

ニラ

香りが豊かで一気に味が華やかになる存在。足が早いので、買った日に食べ切るか、ざくざく切って冷凍しておくのがよい。

P.48 プルコギ炒め
P.98 厚揚げのニラもやし炒め

豆腐

充填豆腐は賞味期限が長めだが、普通のものは短いので無駄にしないようチェック。ヘルシーでお腹にたまるので、肉料理のかさ増しにも使える。

P.82 豆腐でふんわり豚つくね
P.87 サバ缶と豆腐と きゅうりの冷や汁

なす

油との相性がいいので、炒めたり揚げたりするとおいしい。切ったまま置いておくと断面が黒くなるので、すぐ使わないときは水にさらしておこう。

P.32 なすとピーマンと豚肉の ケチャップみそ炒め
P.81 なすのみそ汁

きのこ類

食物繊維が豊富で定期的に摂りたい食材。生のまま冷凍すると栄養価があがるので、エノキなどはザクザク切って冷凍しておくと、みそ汁などにも使いやすい。

P.44 鶏肉のトマトクリーム煮
P.96 牛肉とトマトの洋風炒め

冷凍庫

冷凍ブロッコリー

一株買ってもなかなか食べきれないブロッコリーは冷凍が便利。使いたい分だけ取り出し、チンしてマヨネーズをかければ一品できあがり。

冷凍枝豆

彩りが足りないときに加えやすいおすすめ野菜。卵焼きや、茶色くなりがちな煮物にもちょっと入れると華やかに。

Point

ストックしておくと便利な食材

トマトの水煮缶

スープにしたりソースにしたり、洋風の味はトマト缶があるとあっという間に作れる。紙パックのものもあるので、必要な分量に応じて選んで。

ツナ缶やコーン缶

ポテトサラダやオムレツに入れたり、何かと使い勝手がよい。缶詰は保存期間が長いので、いくつか常備しておくと、自炊のハードルも下がる。

海藻などの乾物

海藻サラダのパックやひじき、切り干し大根なども長く保存できる。栄養価も高いので、積極的に使ってほしい食材。

ごま、かつお節、輪切りの赤唐辛子

香りや見た目もおいしさの要素のひとつ。上にちょっとのせるだけでお店の料理のような印象になるので、ストックしておこう。

効率のよい買い物の仕方

行きやすい場所にあるスーパーをチェック

まずは徒歩圏内にあるスーパーを見に行きましょう。どこも同じように見えるかもしれませんが、実はスーパーにはそれぞれ得意分野があります。お肉が安いところ、野菜が新鮮なところ、ひとり暮らし用の小さなパックを置いているところ……。どこで何を買うのがよいか頭に入れておくと、買い出しのときに困りません。

Point

買い物のパターン別のポイント

献立を決めて買い物に行く

献立が決まったら、あらかじめ必要な食材を書き出しておきます。肉類、野菜類と種類ごとに書いておくと、売り場を行ったり来たりしなくてすみます。リスト化することで、行くスーパーや売り場を効率的にまわることができます。一方で、買うものを先に決めてしまうと、買うはずの野菜が今日は高かった、ということも起こります。そういうときは安い食材に代替するなど、柔軟に献立を考え直せるといいです。

スーパーに行ってから食材を選ぶ

そのときに安くなっている食材や旬のもの、そのときおいしそうに見えたものを買うと、特売のものをじょうずに使うことができ、コスパのよい食材を選ぶことができます。少し上級なテクニックですが、食材を見ながら献立を決めるのも楽しいでしょう。ただ、いろいろ買い物してしまったのにうまく使いこなせなかった、買いすぎて無駄にしてしまった、ということにならないように気をつけなくてはなりません。

買い物は、あらかじめ献立を決めて買う場合と、
ふらっとスーパーに行って安い食材などを見ながら買う場合があります。
どちらも取り入れながら料理じょうずになりましょう。

1) 冷凍をじょうずに使う

肉や魚はまとめて買って冷凍するのもアリ。下味だけつけて冷凍するのもよい。餃子やハンバーグ、カレーなどはまとめて作って冷凍しておくと、疲れている日の貯金になる。おみそ汁用の具材も小分けにして冷凍すると、パパッと入れられて便利。

2) 野菜は下ごしらえを済ませておく

白菜やキャベツ、大根など大きな野菜を買ったときは、切ったりゆでたりして冷蔵庫に入れておくと、すぐ使える。切るぐらい当日にやればいいと思いきや、食材が切ってあるだけで調理するときのハードルがぐっと下がる。レタスもちぎっておくだけで使いやすい。

3) 調味料はたくさん買わない

○○のタレ、○○のソースをいくつも買うと、それだけで冷蔵庫がいっぱいになってしまう。この本でもいろいろな合わせ調味料のレシピを書いているので、基本調味料をうまく組み合わせて、好みのタレを作るようにしよう。

4) 3日分くらいを目安に買う

安い安いとたくさん買ってしまうと、使い切る前に傷んでしまったり、何日も同じ食材が続いて飽きてしまうので、買いすぎには要注意。だいたい3日で食べ切れるくらいの量を買うとよい。反対に毎日小さなパックを買うのも割高になるので、ちょうどよい量を探ろう。

5) 使ったことのない食材にもチャレンジ!

料理は楽しんでするもの。休日や少し時間に余裕があるときには、買ったことのない野菜や新しい食材にもチャレンジしてみよう。失敗も楽しめたら、自炊は大成功。買い物や料理を日々楽しくワクワクしながらすることが、料理じょうずになる道。

食べるのが楽しくなる！献立の決め方

献立は何日分かまとめて考える

「さあ、今日は何を食べよう！」と毎日考えてから買い物に行って作ると効率的ではなく、食材もうまく使いまわせない可能性があります。2〜3日分をまとめて考え、使いまわせる食材を取り入れてみましょう。多めに作って冷凍しておいたり、翌日以降の分として作り置きをしたり、アレンジして食べたりすることも考えながら組み立てるとうまくいきます。

1週間（平日）の献立の例

	月曜日	火曜日	水曜日	木曜日	金曜日
朝ごはん	おにぎり ちりめんきのこ 豚汁	ごはん みそ汁 鮭の塩焼き	卵かけごはん 豚汁	ごはん ちりめんきのこ 豚汁	混ぜごはんおにぎり 豚汁
昼ごはん	鶏むね肉のチキンカツ きんぴらごぼう 卵焼き 小松菜のお浸し	豚丼 小松菜、もやし、にんじんのナムル	鶏肉と豆腐のナゲット きんぴらごぼう ゆで卵	サバの塩焼き 卵焼き ナムル	鮭の塩焼き 卵焼き きんぴらごぼう ちくきゅう
夜ごはん	ごはん みそ汁 しょうが焼き	ごはん みそ汁 鶏大根 冷ややっこ	ごはん みそ汁 鮭のバターじょうゆ レタス&卵サラダ	ごはん みそ汁 水菜の肉巻き	ごはん みそ汁 鶏肉のこしょう焼き

Point

献立のパターン別のポイント

冷蔵庫を確認して、使う食材を決める

今ある食材で何が作れるのかをメイン料理から決めていき、残ったものはみそ汁にまわすなどして、フードロスにならないように作るとよいでしょう。足りないものだけを買い足していくと、食材の使い回しもうまくできます。スマホで写真を撮っておけば買い物のときに役立ちます。

パターンをある程度決めておく

「この食材はこの献立」というふうに自分のパターンを決めておくと、買い物にも献立決めにも悩むことが少なくなるので、パパッと料理をはじめられます。たとえば5本入りのなすを買ったら「2本は○○にして残り3本は○○にしよう」などと献立を考えながら買い物すると、使いきれずに傷んでしまう…ということも少なくなります。

日々のごはんが楽しくなるように、メニューを決めていきましょう。
残った食材を組み合わせて新しい食べ方をしてみるなど、
遊び心を持って料理するのもおすすめです。

1 おいしいものを食べたら覚えておく

外食でおいしいものを食べたり、献立の組み合わせがいいなと思ったらストックしておき、真似してみるのがおすすめ。メモして残しておくと、献立に悩んだときにパラパラめくって決めることもできる。

2 レシピ本などを読んで新しい献立を仕入れる

本書やほかのレシピ本、スーパーの入口にあるレシピカードなどを見て、レパートリーを広げていこう。料理に慣れてくると、その通りに作らなくても自分でアレンジできるようになる。

3 理想を追い求めすぎない

効率性や「こうするべき」という理想を追い求めすぎてしまうと、自炊が窮屈に。料理に疲れて楽しくなくなってしまうと元も子もないので、「今日はメインだけ市販のものにしよう」などと、息抜きの仕方も考えて。

4 余った野菜はスープやみそ汁で消費

汁物にはどんな食材も合うので、使い切れなかった野菜はスープやみそ汁にすると食べ切れる。根菜は炊き込みご飯の具材にしたり、葉野菜は刻んでチャーハンに混ぜたり、余った野菜をうまく使えるようになると楽しい。

5 曜日ごとのテーマを決めてみる

献立を考えるのが面倒なときは、月曜日はパスタ、火曜日は和食、水曜日は肉料理、週末は余り食材でできるカレーやシチューにするなど、曜日ごとに自分なりのテーマを絞り込んでおくと悩まずに決めることができる。

作り置き保存の仕方

冷蔵保存の注意点

1 粗熱をとってから冷蔵庫にしまう

温かい状態でフタを閉めて冷蔵庫に入れてしまうと、結露してカビやすくなったり、水分で味が薄くなってしまったりする。冷蔵庫の温度も一時的にあがってしまい、冷蔵庫自体のカビにもつながるので冷ましてからしまおう。

2 保存容器はよく洗う

繰り返し使っていると、保存容器のパッキンに汚れが溜まったり、劣化したりするので、洗剤でしっかり洗う。ホーローは電子レンジ加熱はできないが、直火にかけられるので便利。

3 飽きるほど作り置きしない

同じものをたくさん作り置きしてしまうと、毎日食べることになって飽きてしまい、冷蔵庫から出さなくなる……というのもよくある話。冷蔵保存の作り置きをするなら、複数回分の食事で食べ切れるくらいの量にしよう。

4 残り物のアレンジも楽しく

ひとつの料理をアレンジして別の料理にするのも、作り置きの楽しみのひとつ。炒めものは春巻きの皮に巻いて揚げたり、鶏肉や豚肉を焼いたものなら、翌日は卵とじにして丼にしたり、食べ方を工夫しよう。

1品でも作り置きしておくと、その日の自炊は楽になります。
休日などをうまく利用して、作り置きや冷凍保存で乗り切りましょう。

冷凍保存の注意点

1 しっかり包んでにおいを防ぐ

冷凍しているうちにラップがはがれてしまったり穴が空いてしまったりしないよう、ラップで包んでジッパー付き保存袋に入れるなどして、冷凍庫のにおい移りがないようにしよう。

2 小分けにして冷凍する

冷凍したものを一度解凍してしまうと、また冷凍することはできない(おいしくないし衛生的にもよくない)。食べられる分量に小分けして冷凍し、使う分だけを解凍しよう。

3 なるべく早く凍らせて早く解凍する

食材を広げ、平らにして保存袋に入れることで、なるべく早く凍らせることができて衛生的。解凍時間も早くなるので、時短調理にもつながる。

4 早めに食べ切る

冷凍すれば時間が止まる! といっても限度があるので、長くなればなるほど味が落ちてしまう。冷凍から2週間〜1ヵ月で食べ切るようにしよう。

Point

冷凍しておくと便利!

- パン、ごはんは、一人分ずつ小分けにする。
- ねぎ、しょうが、にんにくなどの薬味は、細かく切ったりすりおろしたりしておく。
- 魚は料理酒をふりかけて冷凍しておくと、くさみが気にならない。
- 揚げ物は、揚げる前まで準備した状態で冷凍できる。
- きのこ類は冷凍すると栄養価があがるので、積極的に冷凍を。
- 大根、山いもなどはすりおろして冷凍が便利。キャベツは千切りにして冷凍する。

ごはんの炊き方

1 水を入れる

米は乾燥しているため、最初の水をもっとも多く吸収してしまうのでさっと洗ってすぐ水を捨てる。

2 新しい水でお米を洗う

新しい水を入れたら、指でお米をかき混ぜるようにしてやさしく洗って流す。2〜3回ほどくり返す。

3 分量の水を入れる

炊飯器のめもりは横からしっかり見る。炊き込み用や玄米用など水加減を間違えないよう炊く。

4 早炊きと普通炊きを選ぶ

どのように炊いたら何分くらいかかるのか取説でチェックしておこう。炊ける時間に合わせておかずの準備をはじめると、炊き上がりすぐに食べられる。

炊飯器でごはんが炊けるようになると、割高なパックごはんを使わなくてよく、
帰り時間などに合わせて予約しておけるので、炊き立てが食べられます。

? 早炊きとは?

炊飯器にもよりますが、早炊き、急速、高速などと表示がある場合、吸水時間と蒸らし時間が少なくなり、20〜40分ほどで炊き上がります。吸水や蒸らしがない分、やや硬めに仕上がります。

? 浸水はしなくていい?

普通炊きの場合は、米を洗って分量の水に浸したらすぐにスイッチを押しましょう。浸水時間も含まれているので大丈夫。早炊きの場合は短縮されているので、10分ほど置いても。

? ミネラルウォーターで炊くほうがいい?

水道水、ミネラルウォーター、どちらでも構わないが、硬水で炊くとお米がパサパサしがちなので、軟水で炊こう。

Point

バリエーションが楽しめる炊き込みごはん

冷蔵庫に余っている野菜や、缶詰などのストック食品を使って簡単に作れる炊き込みごはん。和風はもちろん、洋風、中華風も楽しめます。ふっくらとおいしい炊き込みごはんを仕上げるポイントを紹介します。重要なのは、的確な水分量をコントロールすることです。

1 炊飯前にしっかり浸水させる

しょうゆなどの塩分がお米の吸水をじゃましてしまうため、炊き込みごはんのときは30分〜1時間ほど浸水させる。

2 調味料は先に加える

水を先に入れると水分量が多くなり水っぽくなりがち。お米→調味料→水の順で入れると水分量を調整しやすい。

3 具材は混ぜずに炊く

炊く前に具材とお米を混ぜると、具材がお米の対流を妨げてしまいムラのある仕上がりに、具材はお米の上でOK。

コンロの効率的な使い方

**火加減をじょうずにコントロールして、無駄のない調理を心がけましょう。
電子レンジや電気ケトルを活用することで、
一口コンロだけでも効率的に調理をすることはできます。**

火加減の確認方法

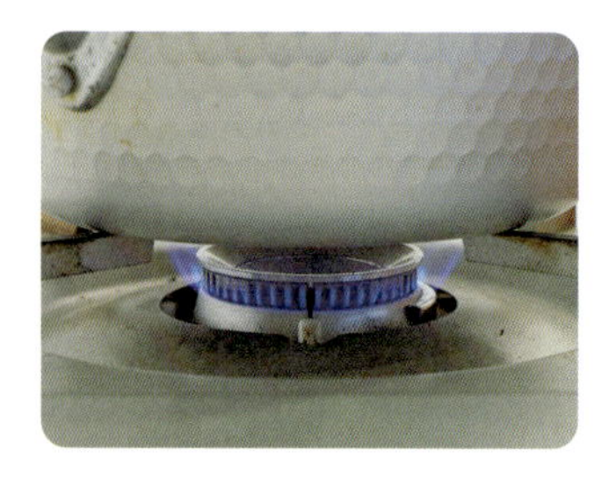

【弱火】

鍋の底に火が当たっていないくらいの大きさ。

【中火】

鍋の底に火が当たっているくらいの大きさ。

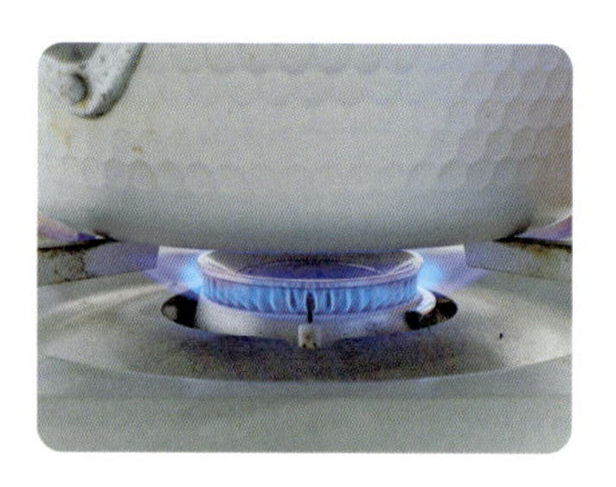

【強火】

鍋の底を囲むように火が当たっているくらいの大きさ。

? 保温調理とは？

余熱を利用して調理すること。火で加熱したあと、フタを閉めて置いておいたり、タオルに包んで余熱が冷めないようにしたり、熱を逃さないことでその間にも食材に火が通っていき、味が染み込んだり、食材が柔らかくなったりします。ずっと火を使うのも効率が悪いので、余熱を利用してみましょう。

Point

熱伝導率のよい調理器具を使う

アルミやステンレス、鉄など、熱効率のよい調理器具で料理すると、食材に火が入りやすく、時短にもつながります。

IHコンロを使うときの注意点

IHではアルミや銅、ガラス製のものは使えません。ステンレスやホーロー、鋳鉄製などの対応する鍋、フライパンを選びましょう。

Part 2

まずはごはんに プラス一品レシピ

まずは、一品で十分ごはん泥棒になるおかずのレシピを紹介します。
失敗しにくい炒めもののほか、肉じゃがやハンバーグなどの
定番おかずを料理レパートリーに加えましょう。

なすとピーマンと豚肉のケチャップみそ炒め

みそのコクをプラスすると、和風おかずになってごはんによく合う味に。
蒸し焼きにすることで野菜はジューシー、お肉もしっとり。

▶なすが余ったら

P.138 なすの揚げ浸し

P.139 なすのしょうが焼き

材料｜2人前

なす……………………………2本
ピーマン………………………4個
豚バラ肉(スライス)…200g

調味料

ケチャップ…………大さじ2
みそ……………………大さじ1
料理酒…………………大さじ2
みりん…………………小さじ2

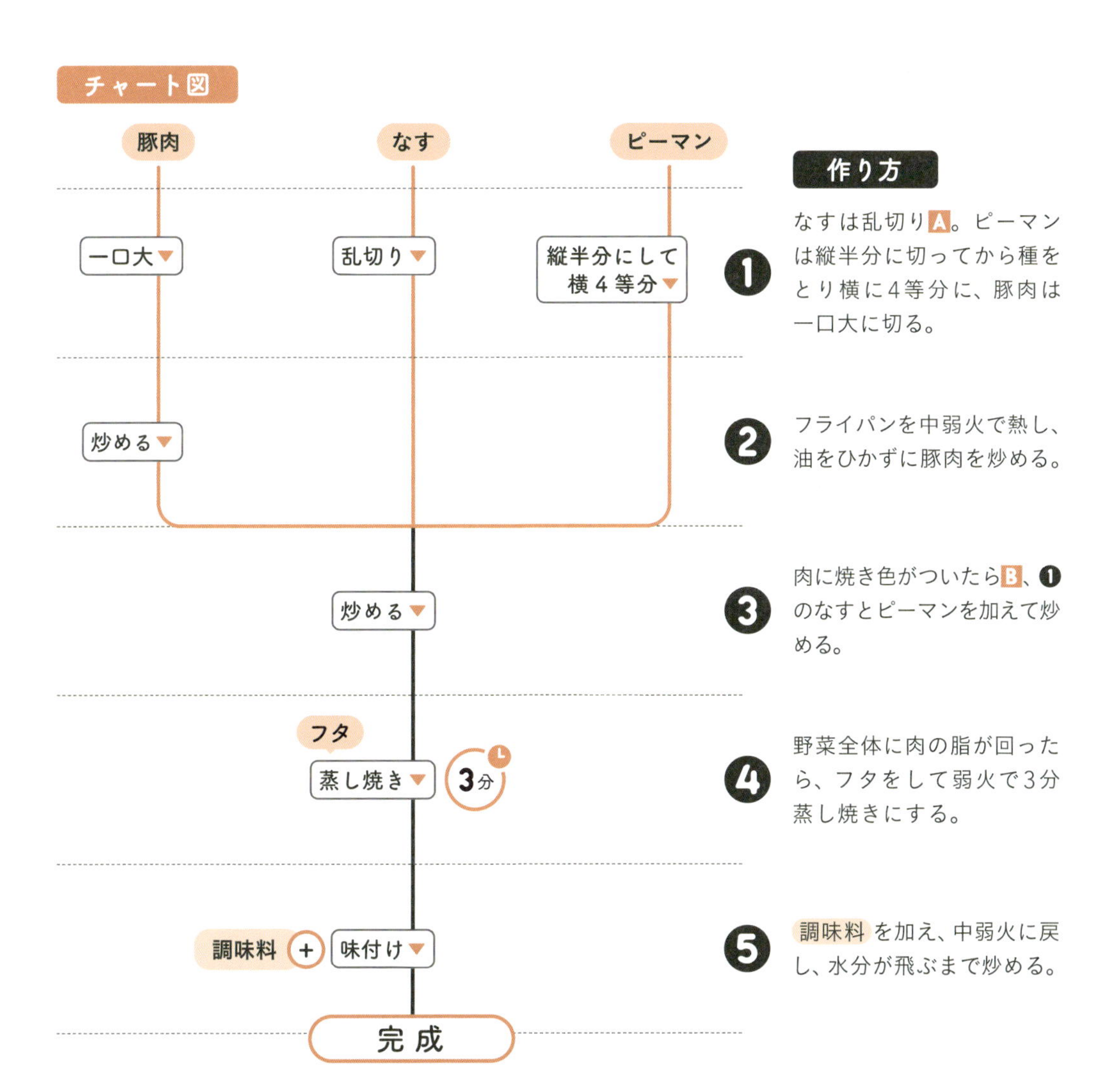

作り方

1. なすは乱切りA。ピーマンは縦半分に切ってから種をとり横に4等分に、豚肉は一口大に切る。
2. フライパンを中弱火で熱し、油をひかずに豚肉を炒める。
3. 肉に焼き色がついたらB、1のなすとピーマンを加えて炒める。
4. 野菜全体に肉の脂が回ったら、フタをして弱火で3分蒸し焼きにする。
5. 調味料を加え、中弱火に戻し、水分が飛ぶまで炒める。

豚肉のみそ漬け焼き

調味料にお肉を 30 分漬け込んで、味を深くしみ込ませて。
料理酒を使うと、お肉がやわらかに。
ごま油で香ばしく焼き上げましょう。

材料｜1人前

豚ロース肉……………………1枚
ごま油……………………小さじ1
ベビーリーフ……………適宜

調味料

料理酒……………………………大さじ1
みりん……………………………大さじ1/2
みそ………………………………小さじ2
砂糖………………………………小さじ1/2
しょうが（すりおろし）
……………………………………小さじ1/4

チャート図

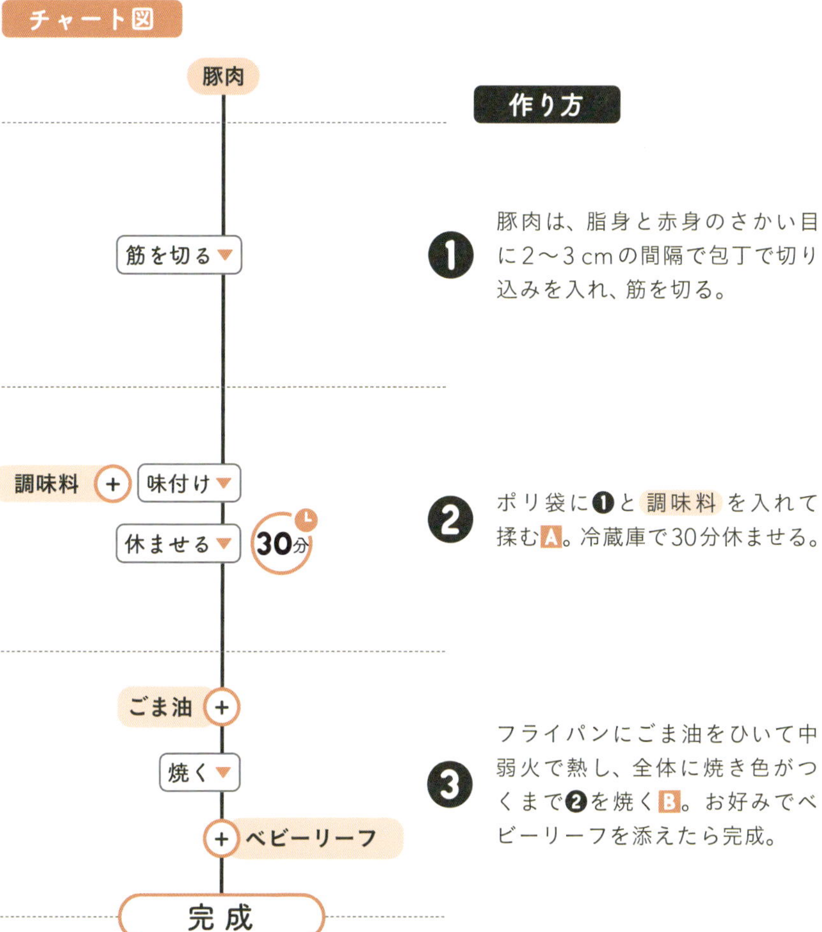

作り方

❶ 豚肉は、脂身と赤身のさかい目に2〜3cmの間隔で包丁で切り込みを入れ、筋を切る。

❷ ポリ袋に❶と調味料を入れて揉むA。冷蔵庫で30分休ませる。

❸ フライパンにごま油をひいて中弱火で熱し、全体に焼き色がつくまで❷を焼くB。お好みでベビーリーフを添えたら完成。

A

B

豆腐チャンプルー

豆腐をたっぷり使った、ヘルシーで満足度の高いおかず。
かつお節で風味豊かに仕上がります。

材料｜2人前

木綿豆腐……300g
ニラ……1/3束（約40g）
にんじん……1/4本
豚バラ肉（スライス）……100g
ごま油……小さじ1
もやし……1/2袋（100g）
かつお節……4g
卵……1個

調味料

しょうゆ……大さじ1
みりん……大さじ1/2
こしょう……適量
しょうが（すりおろし）……小さじ1/4

チャート図

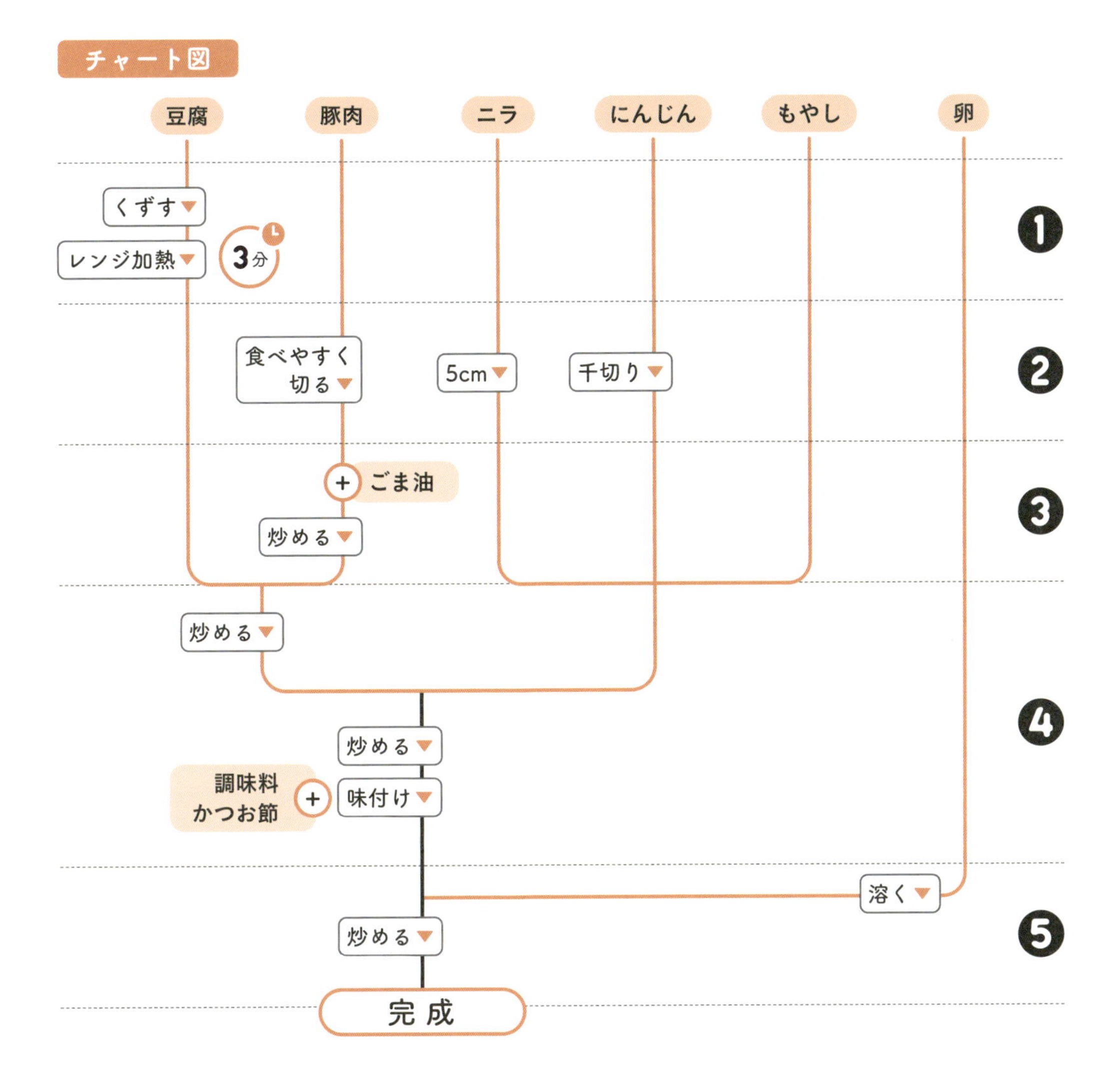

作り方

❶ 豆腐は大きめの一口大にくずし、キッチンペーパーで包む。そのまま耐熱容器に入れ、レンジで3分加熱する。

❷ ニラは5cm幅、にんじんは細切り、豚肉は食べやすい大きさに切る。

❸ フライパンにごま油をひいて中火で熱し、❷の豚肉を炒める。肉の色が変わったら、❶を加える。

❹ 豆腐に焼き色がついたら、❷のニラとにんじん、もやしを加えるA。しんなりしたら調味料とかつお節を加え、炒めるB。

❺ 溶いた卵を回しかけ、さっと炒めるC。

チーズタッカルビ

韓国の人気料理も、ふだんの調味料で簡単に。
惜しまずチーズを入れて、からめながら食べましょう。
キムチは少し辛みの強いものを選ぶと◎。

▶玉ねぎが余ったら

P.144 玉ねぎのおかか和え
P.145 玉ねぎとツナのガーリックコンソメ炒め

材料｜約2人前

玉ねぎ……1個
キャベツ……1/4個
鶏もも肉……1枚（300g）
キムチ……200g
ピザ用チーズ……好きなだけ
サラダ油……小さじ1

調味料

みそ……小さじ1
しょうゆ……小さじ2
ケチャップ……小さじ2
ごま油……小さじ1・1/2
鶏がらスープの素……小さじ1
砂糖……小さじ1

チャート図

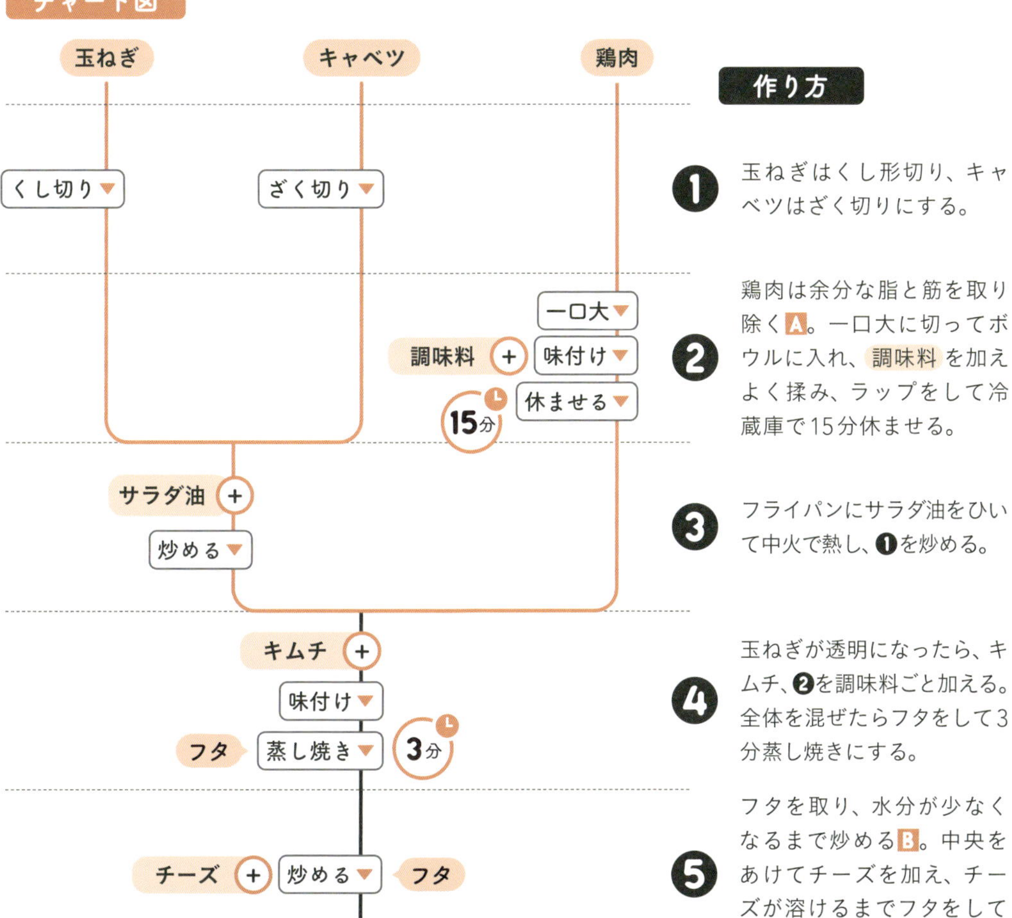

作り方

❶ 玉ねぎはくし形切り、キャベツはざく切りにする。

❷ 鶏肉は余分な脂と筋を取り除くA。一口大に切ってボウルに入れ、調味料を加えよく揉み、ラップをして冷蔵庫で15分休ませる。

❸ フライパンにサラダ油をひいて中火で熱し、❶を炒める。

❹ 玉ねぎが透明になったら、キムチ、❷を調味料ごと加える。全体を混ぜたらフタをして3分蒸し焼きにする。

❺ フタを取り、水分が少なくなるまで炒めるB。中央をあけてチーズを加え、チーズが溶けるまでフタをして加熱する。

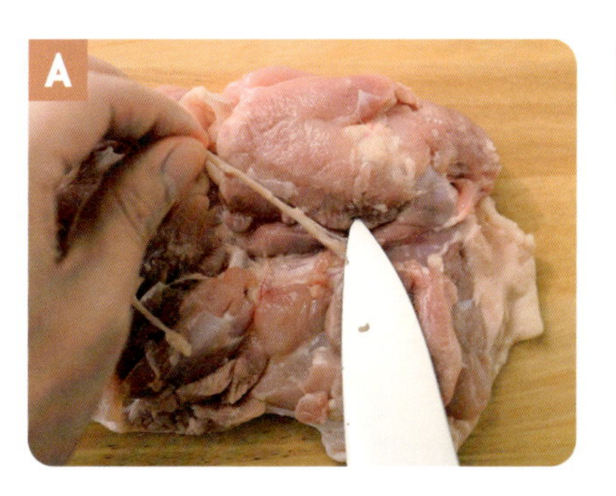
A

B

鶏肉じゃが

牛肉や豚肉で作ることが多い肉じゃがを、鶏肉でアレンジ。
絹さやを入れると一気に彩りが豊かになります。

▶じゃがいもが余ったら
P.113 カレーポテトスープ
P.142 基本のポテトサラダ

材料｜約3〜4人前

じゃがいも（中）……2個
にんじん……1/2本
玉ねぎ……1/2個
糸こんにゃく……100g
鶏もも肉……1枚（300g）
サラダ油……小さじ1
絹さや……適宜

調味料

水……200ml
しょうゆ……大さじ2
料理酒……大さじ2
みりん……大さじ1
顆粒和風だしの素……小さじ2
砂糖……小さじ2

チャート図

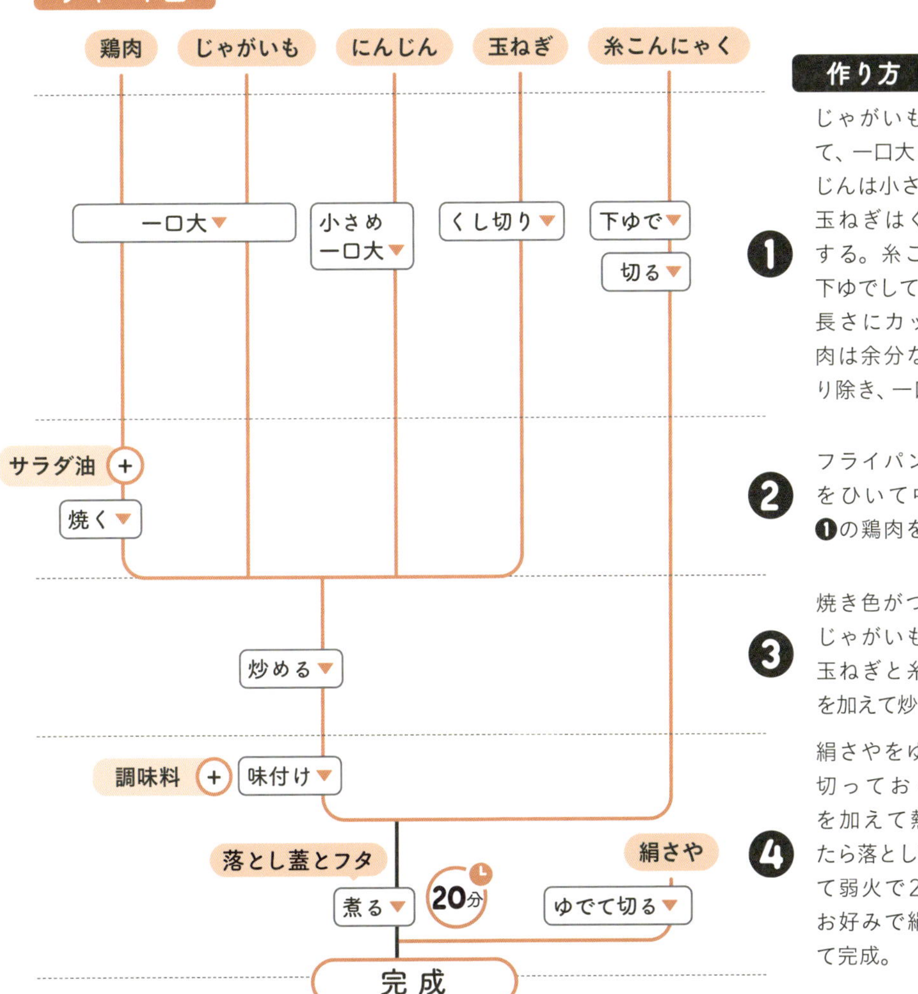

作り方

❶ じゃがいもは皮をむいて、一口大に切る。にんじんは小さめの一口大、玉ねぎはくし形切りにする。糸こんにゃくは下ゆでして、食べやすい長さにカットする。鶏肉は余分な脂と筋を取り除き、一口大に切る。

❷ フライパンにサラダ油をひいて中火で熱し、❶の鶏肉を炒める。

❸ 焼き色がついたら❶のじゃがいも、にんじん、玉ねぎと糸こんにゃくを加えて炒める。

❹ 絹さやをゆでて斜めに切っておく。調味料を加えて熱し、沸騰したら落とし蓋とフタをして弱火で20分煮るA。お好みで絹さやを飾って完成。

落とし蓋の作り方

1枚のクッキングシートを四つ折りにして細い扇状に切る。

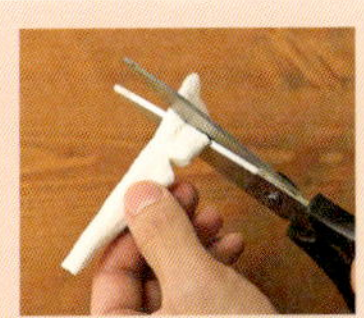
鍋の半径に合わせて端を切り、折り目側に2箇所切り込みを入れる。

クッキンシートを広げて、鍋に入った食材の上に被せる。

Part 2 まずはご飯にプラス一品レシピ

鶏むね肉とじゃがいもの チンジャオロース

ヘルシーで良質なタンパク質が摂れる鶏むね肉に、じゃがいもを合わせて新しい中華に。
ほくほくシャキシャキの食感がたまらない一品です。

▶ピーマンが余ったら

P.140 ピーマンとちくわのきんぴら

P.141 ピーマンとツナのオイル炒め

材料｜2人前

ピーマン……3個
じゃがいも……1個
鶏むね肉……200g
ニンニク……1/2片
しょうが……1/2片
サラダ油……大さじ1/2

下味
料理酒……大さじ1
片栗粉……大さじ1

調味料
料理酒……大さじ1
オイスターソース……小さじ2
砂糖……小さじ1
ごま油……小さじ1
しょうゆ……小さじ1/2

チャート図

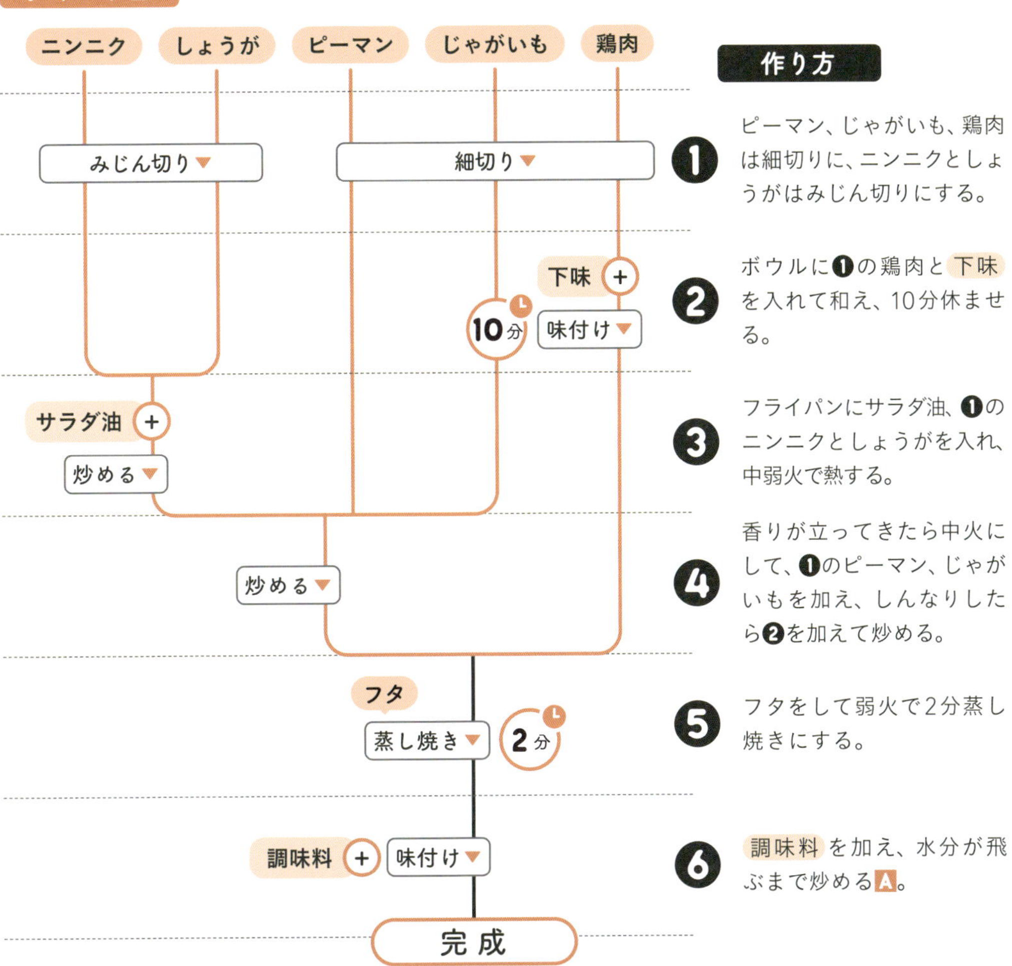

作り方

❶ ピーマン、じゃがいも、鶏肉は細切りに、ニンニクとしょうがはみじん切りにする。

❷ ボウルに❶の鶏肉と下味を入れて和え、10分休ませる。

❸ フライパンにサラダ油、❶のニンニクとしょうがを入れ、中弱火で熱する。

❹ 香りが立ってきたら中火にして、❶のピーマン、じゃがいもを加え、しんなりしたら❷を加えて炒める。

❺ フタをして弱火で2分蒸し焼きにする。

❻ 調味料を加え、水分が飛ぶまで炒めるA。

鶏肉のトマトクリーム煮

トマト缶＋牛乳とバターで濃厚なコクのあるクリーム煮。
どんな野菜でも合うので、余っている野菜でアレンジするのもおすすめです。

▶しめじが余ったら
P.147 きのこの和風マリネ

材料｜2人前

しめじ……1パック（100g）
玉ねぎ……1/2個
鶏もも肉……1枚（約300g）
塩……少々
こしょう……適量
オリーブ油……小さじ2
パセリ（きざむ）……適宜

トマトソース

トマト缶（カット）……1/2缶
水……50ml
顆粒コンソメ……小さじ2
ニンニク（すりおろし）……小さじ1/4

牛乳……50ml
バター……10g

チャート図

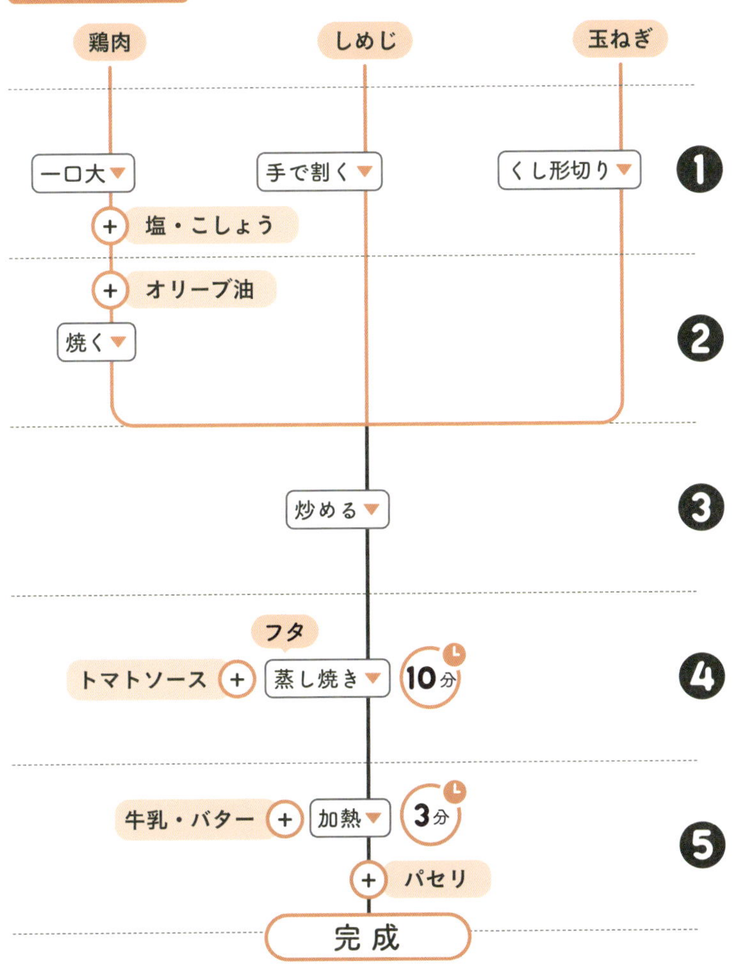

作り方

❶ しめじは石づきを取り、手で割く。玉ねぎはくし形切りにする。鶏肉は筋や脂を取り除いて一口大に切り、塩、こしょうをふる。

❷ フライパンにオリーブ油をひいて中火で熱し、鶏肉を皮目から焼くA。

❸ 上下を返し両面に焼き色がついたら、❶のしめじ、玉ねぎを加えて炒めるB。

❹ 玉ねぎが半透明になったら、トマトソースの材料を加えて混ぜる。ふつふつしてきたらC、フタをして弱火で10分煮る。

❺ 牛乳、バターを加えてよく混ぜ、フタを取って中弱火で3分加熱する。お好みでパセリを散らしたら完成。

A

B

C

基本のハンバーグ

おいしく作るコツは、肉だねを冷水や氷水などで手を冷たくしてこねること。
蒸し焼きにして肉汁を閉じ込めれば、ジュワッとおいしさが溢れます。

材料｜2人前

- 玉ねぎ……1/2個
- 料理酒……大さじ2
- サラダ油……小さじ3
- パセリ（きざむ）……適宜
- a にんじん（バターで炒める）……適量
- a ブロッコリー（ゆでる）…適量
- a じゃがいも（揚げる）…適量

肉だね

- 合いびき肉……250g
- パン粉……大さじ山盛り2
- 牛乳……大さじ2
- ケチャップ……大さじ1/2
- 卵……1/2個
- 塩……小さじ1/3
- こしょう……小さじ1/3
- ナツメグ……小さじ1/3

ソース

- ケチャップ……大さじ1/2
- ウスターソース……大さじ1
- 料理酒……大さじ1
- バター……5g

チャート図

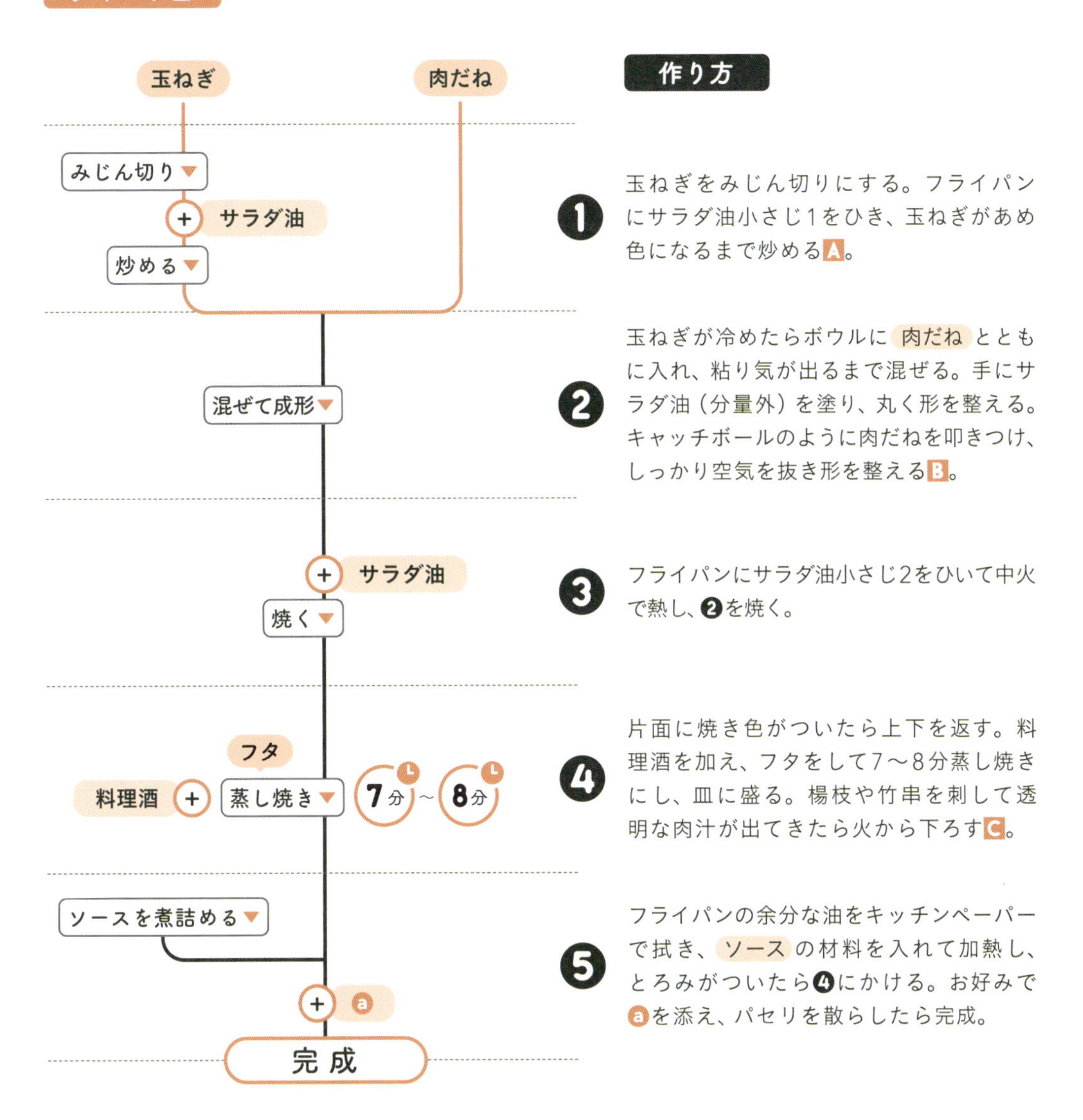

作り方

❶ 玉ねぎをみじん切りにする。フライパンにサラダ油小さじ1をひき、玉ねぎがあめ色になるまで炒めるA。

❷ 玉ねぎが冷めたらボウルに肉だねとともに入れ、粘り気が出るまで混ぜる。手にサラダ油（分量外）を塗り、丸く形を整える。キャッチボールのように肉だねを叩きつけ、しっかり空気を抜き形を整えるB。

❸ フライパンにサラダ油小さじ2をひいて中火で熱し、❷を焼く。

❹ 片面に焼き色がついたら上下を返す。料理酒を加え、フタをして7〜8分蒸し焼きにし、皿に盛る。楊枝や竹串を刺して透明な肉汁が出てきたら火から下ろすC。

❺ フライパンの余分な油をキッチンペーパーで拭き、ソースの材料を入れて加熱し、とろみがついたら❹にかける。お好みでaを添え、パセリを散らしたら完成。

A

B

C

プルコギ炒め

ごはんがもりもり食べられて、ビールのおつまみにも最高。
辛みはコチュジャンでお好みに調整を。

▶にんじんが余ったら

P.152 にんじんとごぼうのきんぴら
P.153 にんじんしりしり

材料｜2人前

牛細切れ肉……200g
にんじん……1/3本
ニラ……1/3束（約40g）
玉ねぎ……1/2個
もやし……1/2（100g）袋
煎りごま……適宜

調味料

ニンニク（すりおろし）…小さじ1/3
しょうゆ……大さじ1
料理酒……大さじ1
コチュジャン……小さじ2
ごま油……小さじ2
砂糖……小さじ1

チャート図

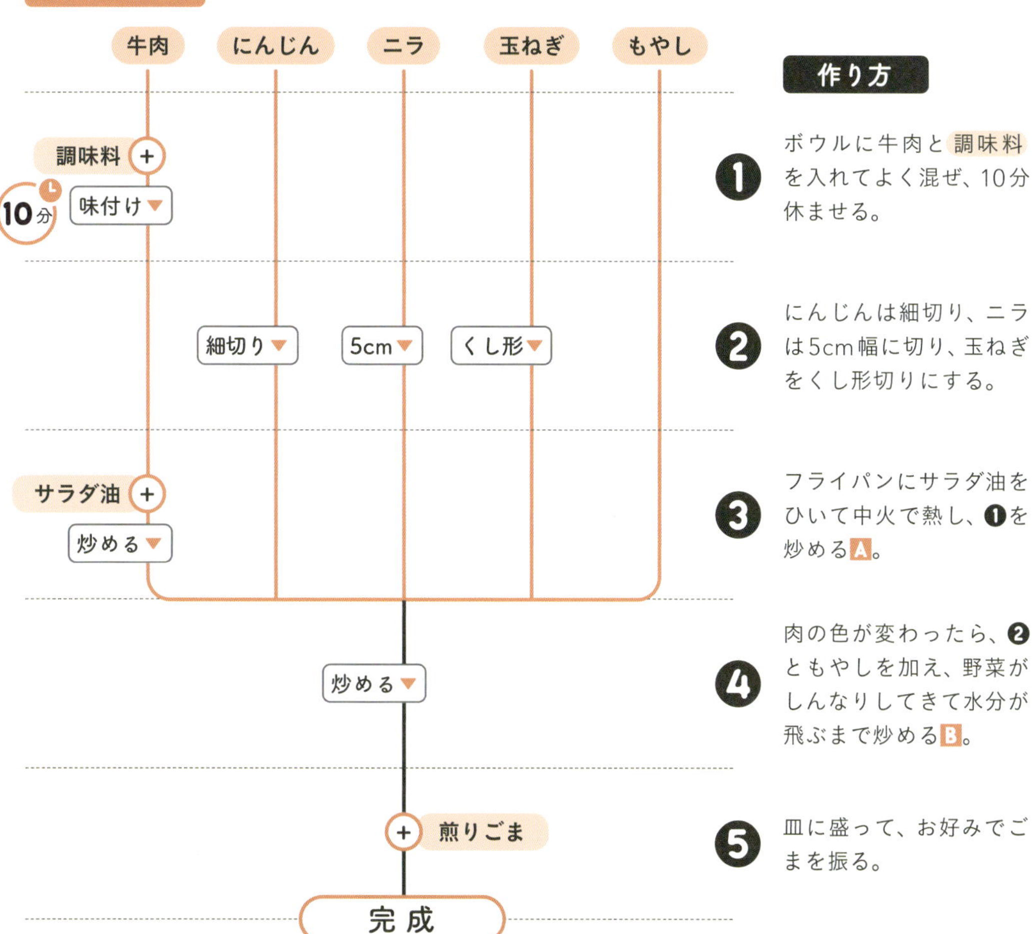

作り方

1. ボウルに牛肉と調味料を入れてよく混ぜ、10分休ませる。
2. にんじんは細切り、ニラは5cm幅に切り、玉ねぎをくし形切りにする。
3. フライパンにサラダ油をひいて中火で熱し、❶を炒めるA。
4. 肉の色が変わったら、❷ともやしを加え、野菜がしんなりしてきて水分が飛ぶまで炒めるB。
5. 皿に盛って、お好みでごまを振る。

A

B

牛肉と厚揚げのすき煮

味のしみた厚揚げや長ねぎがおいしいおかず。
ねぎや玉ねぎを一度焼くと、香ばしさがいっそう増します。お好みできのこ類を加えても◎。

▶長ねぎが余ったら

P.148 長ねぎのナムル

P.149 ねぎみそ

材料｜1～2人前

- 長ねぎ……1/2本
- 玉ねぎ……1/2個
- 厚揚げ……1枚
- しらたき……50g
- サラダ油……小さじ1
- 牛細切れ肉……120g

調味料

- 水……100ml
- しょうゆ……大さじ2
- 料理酒……大さじ2
- みりん……大さじ2
- 砂糖……大さじ1/2
- 顆粒和風だしの素……小さじ1

チャート図

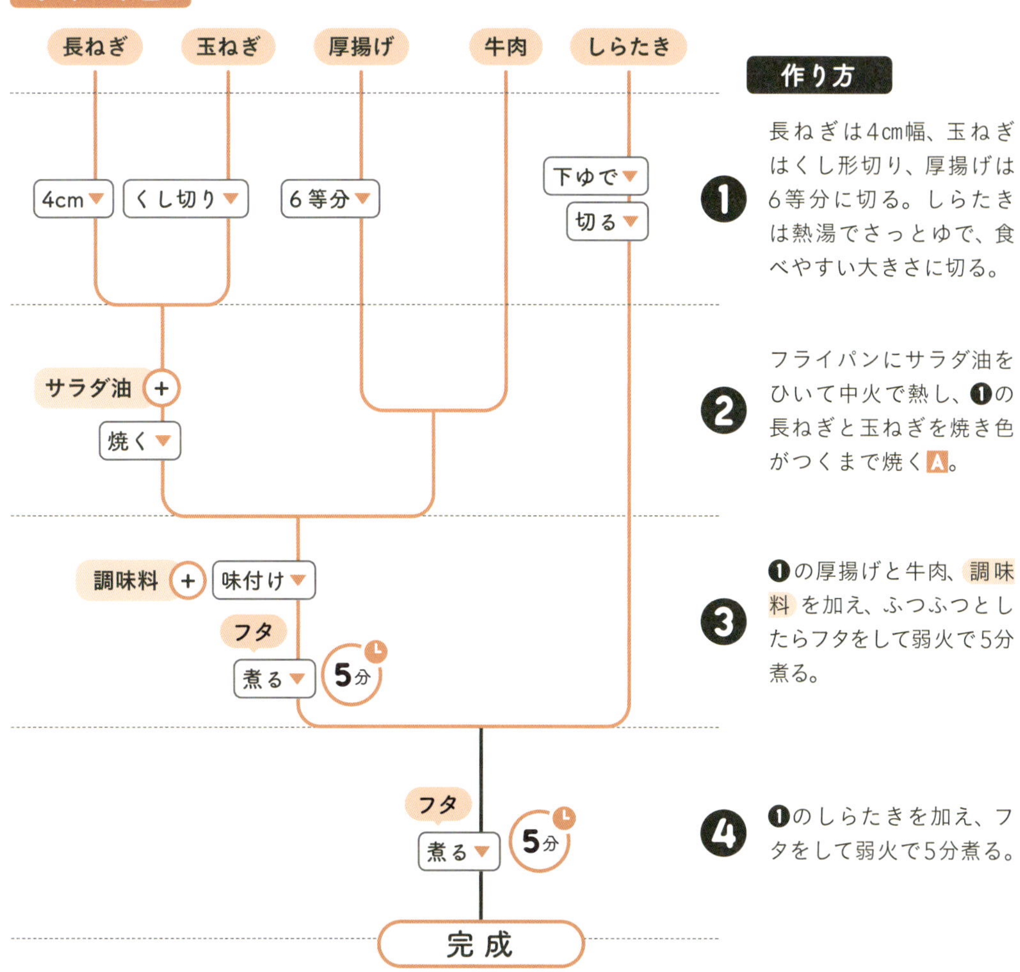

作り方

1. 長ねぎは4cm幅、玉ねぎはくし形切り、厚揚げは6等分に切る。しらたきは熱湯でさっとゆで、食べやすい大きさに切る。
2. フライパンにサラダ油をひいて中火で熱し、❶の長ねぎと玉ねぎを焼き色がつくまで焼くA。
3. ❶の厚揚げと牛肉、調味料を加え、ふつふつとしたらフタをして弱火で5分煮る。
4. ❶のしらたきを加え、フタをして弱火で5分煮る。

A

鮭とじゃがいもの
みそバターホイル焼き

みそとバターでコクのある味に。お好みでレモンをさっと搾って食べて。
フライパンで蒸し焼きにすると、手軽にしっとり仕上がります。

▶じゃがいもが余ったら

P.142 じゃがいものナポリタン風炒め
P.143 じゃがいもの甘みそ炒め

材料｜1人前

じゃがいも（中）……1個
エリンギ……1/2本
生鮭（塩鮭不可）……1切れ
バター……5g
レモン（くし切り）……適宜

調味料

みそ……小さじ2
しょうゆ……小さじ1
料理酒……小さじ1
みりん……小さじ1

チャート図

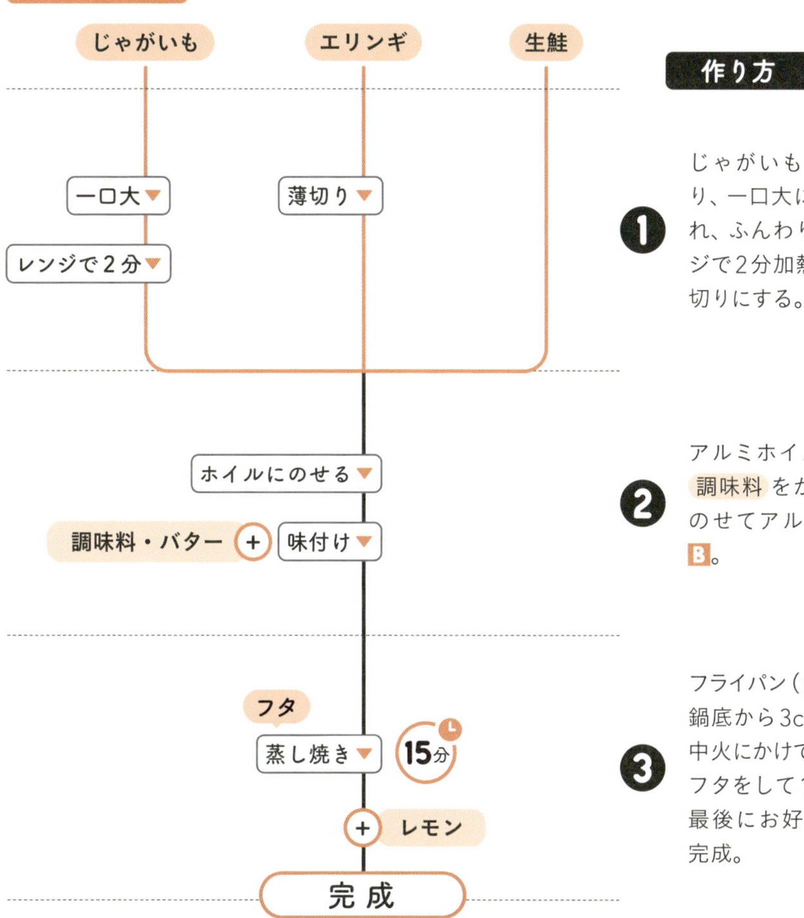

作り方

❶ じゃがいもは皮をむいて芽を取り、一口大に切る。耐熱容器に入れ、ふんわりとラップをしてレンジで2分加熱する。エリンギは薄切りにする。調味料を混ぜておく。

❷ アルミホイルに鮭と❶をのせて、調味料をかける。上にバターをのせてアルミホイルを閉じる A B。

❸ フライパン（または鍋）に❷を入れ、鍋底から3cmほどまで水を注ぐ。中火にかけて水が沸騰してきたら、フタをして15分蒸し焼きにする。最後にお好みでレモンを添えて完成。

A

B

エビとアスパラガスとじゃがいものペペロン炒め

ニンニクの香りが食欲をそそる一品。
じゃがいもをレンチンしておくと、炒める時間が短縮できて、
あっという間にできあがります。

材料｜1人前

じゃがいも（中）…………1個
ニンニク…………………1/2片
とうがらし（輪切りとうがらしでも可）…………………1/2本
アスパラガス ………………3本
むきエビ……6尾（約100g）
オリーブ油…………小さじ2
塩……………………ひとつまみ

チャート図

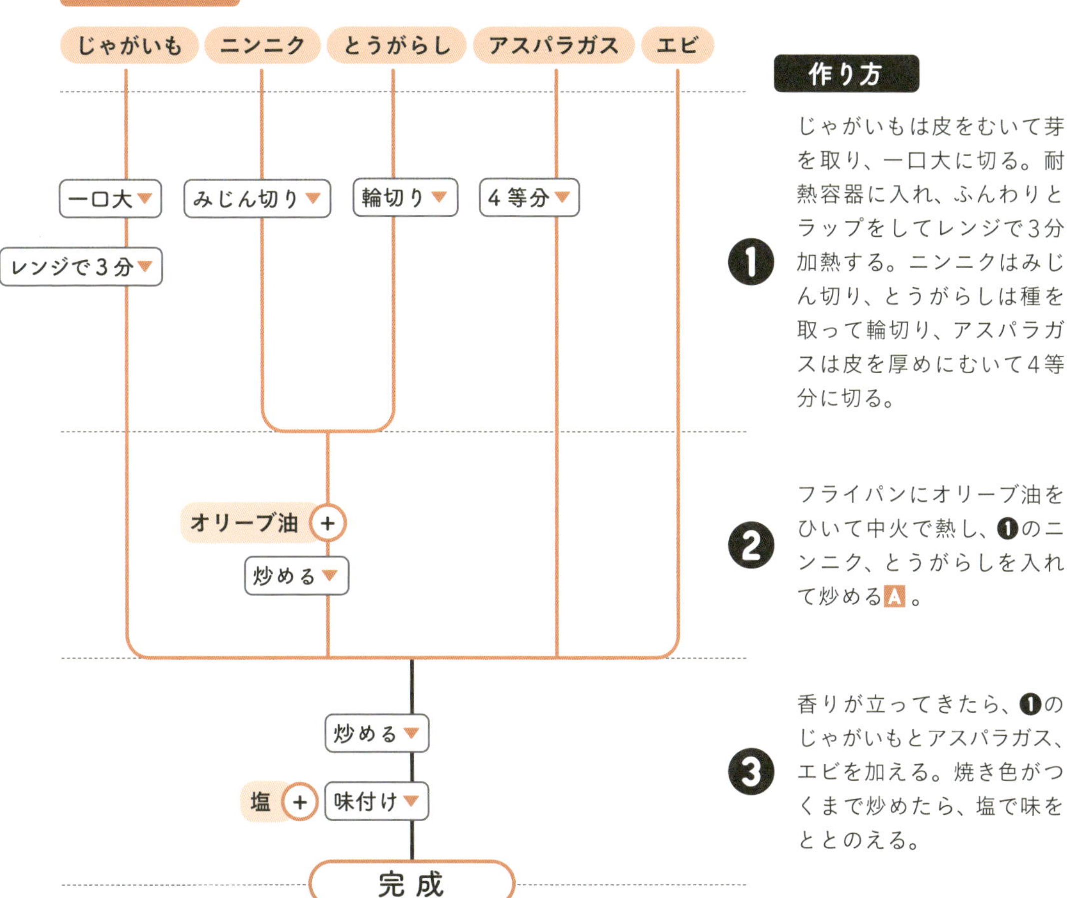

作り方

❶ じゃがいもは皮をむいて芽を取り、一口大に切る。耐熱容器に入れ、ふんわりとラップをしてレンジで3分加熱する。ニンニクはみじん切り、とうがらしは種を取って輪切り、アスパラガスは皮を厚めにむいて4等分に切る。

❷ フライパンにオリーブ油をひいて中火で熱し、❶のニンニク、とうがらしを入れて炒めるA。

❸ 香りが立ってきたら、❶のじゃがいもとアスパラガス、エビを加える。焼き色がつくまで炒めたら、塩で味をととのえる。

A

のり塩
ジャーマンポテト

揃えやすい材料でできる、パパッとおかず。
最後に加えるバターがコクのある味わいにしてくれます。

▶ 玉ねぎが余ったら

P.144 玉ねぎたっぷりキーマカレー
P.145 玉ねぎと豚肉のハニーケチャップ炒め

材料｜2人前

じゃがいも（中）……3個
ニンニク……1/2片
玉ねぎ……1/2個
ウインナー……5本
オリーブ油……大さじ1/2

調味料

塩……小さじ1/4
こしょう……適量
青のり……小さじ2
バター……10g

チャート図

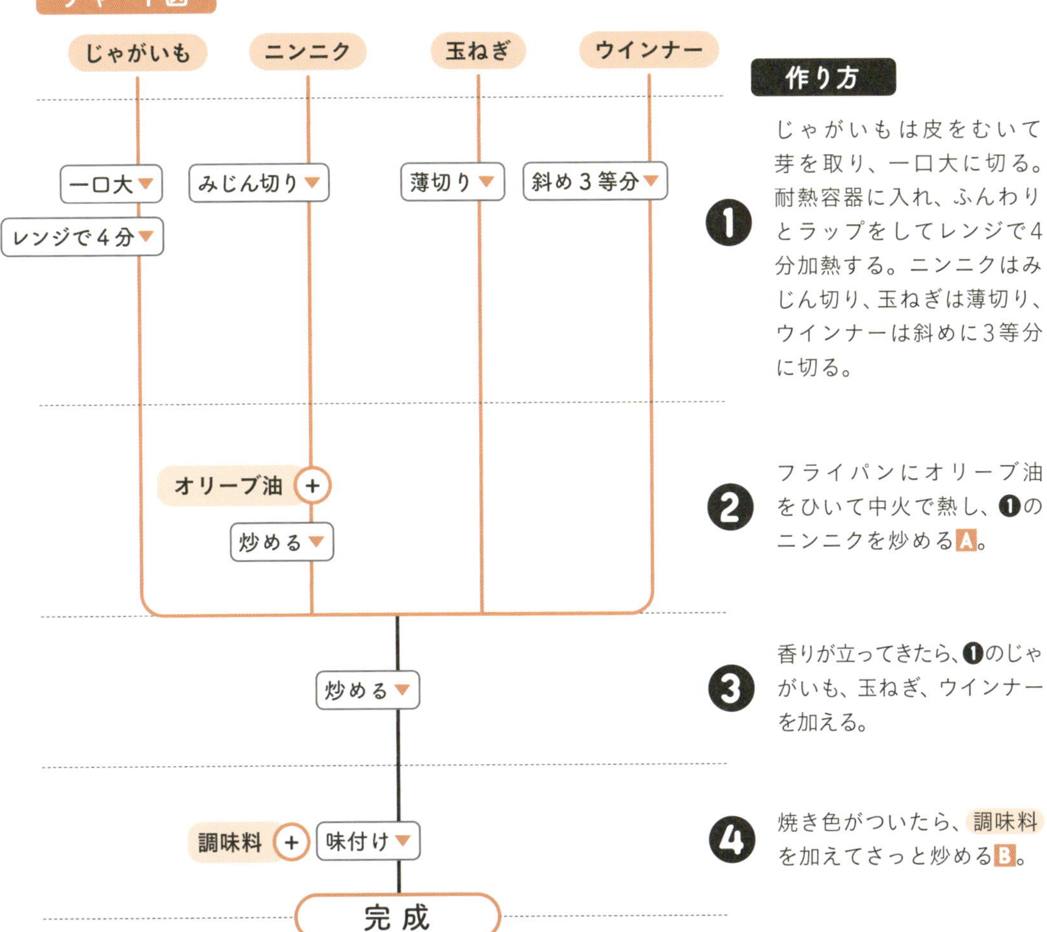

作り方

❶ じゃがいもは皮をむいて芽を取り、一口大に切る。耐熱容器に入れ、ふんわりとラップをしてレンジで4分加熱する。ニンニクはみじん切り、玉ねぎは薄切り、ウインナーは斜めに3等分に切る。

❷ フライパンにオリーブ油をひいて中火で熱し、❶のニンニクを炒めるA。

❸ 香りが立ってきたら、❶のじゃがいも、玉ねぎ、ウインナーを加える。

❹ 焼き色がついたら、調味料を加えてさっと炒めるB。

(COLUMN－1)

お気に入りの器を見つけよう

お皿選びは、料理の楽しさを広げてくれる大切な要素です。
お皿の選び方で、料理の見え方や雰囲気がガラリと変わるので、私自身も「このお皿にはこんな料理をこんな盛り付け方で……」と想像を膨らませながら食器屋さんを巡っています。
色や形などさまざまな顔があるお皿ですが、ひとり暮らしでのお皿を選ぶポイントは、多種多様な料理を盛り付けられるかどうか、だと思います。
例えば少し深さのあるオーバル皿（楕円形のお皿）は、パスタやカレー、炒めものなどさまざまな料理を盛り付けることができ、和洋どちらでも使いやすいお皿です。
ひとり暮らしで収納場所も少なかった頃から、私も重宝しているもののひとつです。
食卓を華やかにしてくれるさまざまなお皿たち。使いやすさはもちろん、直感で「素敵だ」「料理を盛り付けたい」と感じるお皿を選ぶことも、料理のモチベーションを高め、食事をより一層楽しいものにしてくれます。
ぜひ、お気に入りの1枚を見つけに出かけてみてはいかがですか。

Part 3

これだけでOKの麺・どんぶりレシピ

一品で満足感のある
麺とどんぶりのレシピを集めました。
パスタをゆでているうちにソースを作ったり、
ごはんを炊いているうちに具材を作ったり、
効率的に調理してみて。

ニンニクオイルでしっかり焼いた鮭がおいしいパスタ。
食材のうまみをパスタにたっぷりとからませて。
しょうゆを加えてちょっと和風に。

材料｜1人前

パスタ……1人前（約100g）
ニンニク……1片
キャベツ…1/8玉（約150g）
生鮭（塩鮭不可）……1切れ
とうがらし……1/2〜1本
オリーブ油…大さじ1・1/2
ゆで汁……大さじ2
塩……ひとつまみ
しょうゆ……小さじ1

チャート図

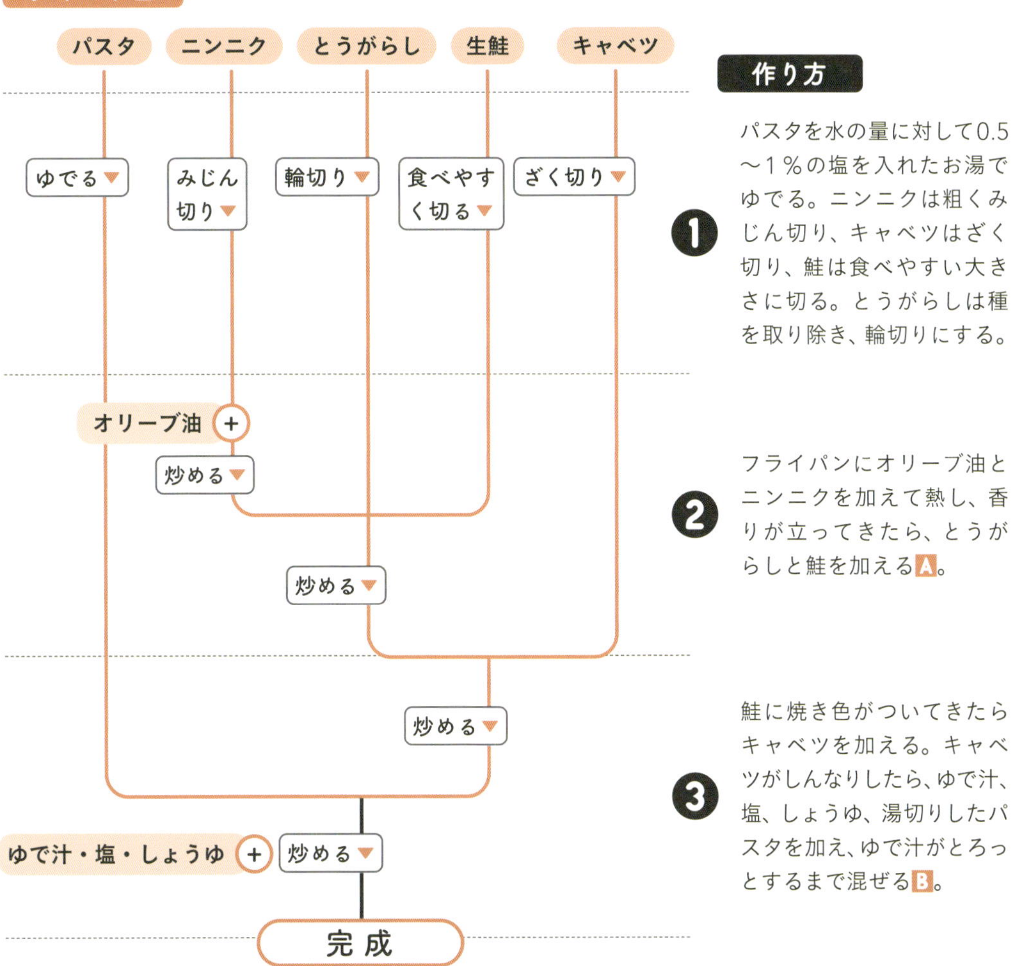

作り方

❶ パスタを水の量に対して0.5〜1％の塩を入れたお湯でゆでる。ニンニクは粗くみじん切り、キャベツはざく切り、鮭は食べやすい大きさに切る。とうがらしは種を取り除き、輪切りにする。

❷ フライパンにオリーブ油とニンニクを加えて熱し、香りが立ってきたら、とうがらしと鮭を加えるA。

❸ 鮭に焼き色がついてきたらキャベツを加える。キャベツがしんなりしたら、ゆで汁、塩、しょうゆ、湯切りしたパスタを加え、ゆで汁がとろっとするまで混ぜるB。

A

B

ミートソースパスタ

お肉をごろっと炒めることで、うまみが凝縮されジューシーな仕上がりに。

▶玉ねぎが余ったら

P.144 玉ねぎのおかか和え

P.145 玉ねぎとツナのガーリックコンソメ炒め

材料｜1人前

パスタ……1人前（約100g）
ニンニク……1/2片
玉ねぎ……1/4個
合いびき肉……70g
オリーブ油……小さじ2
パセリ（きざむ）……適宜

調味料

トマト缶（カット）……1/2缶
料理酒……大さじ1
ケチャップ……大さじ1/2
ウスターソース……大さじ1/2
砂糖……小さじ1
顆粒コンソメ…小さじ1・1/2
こしょう……適量

チャート図

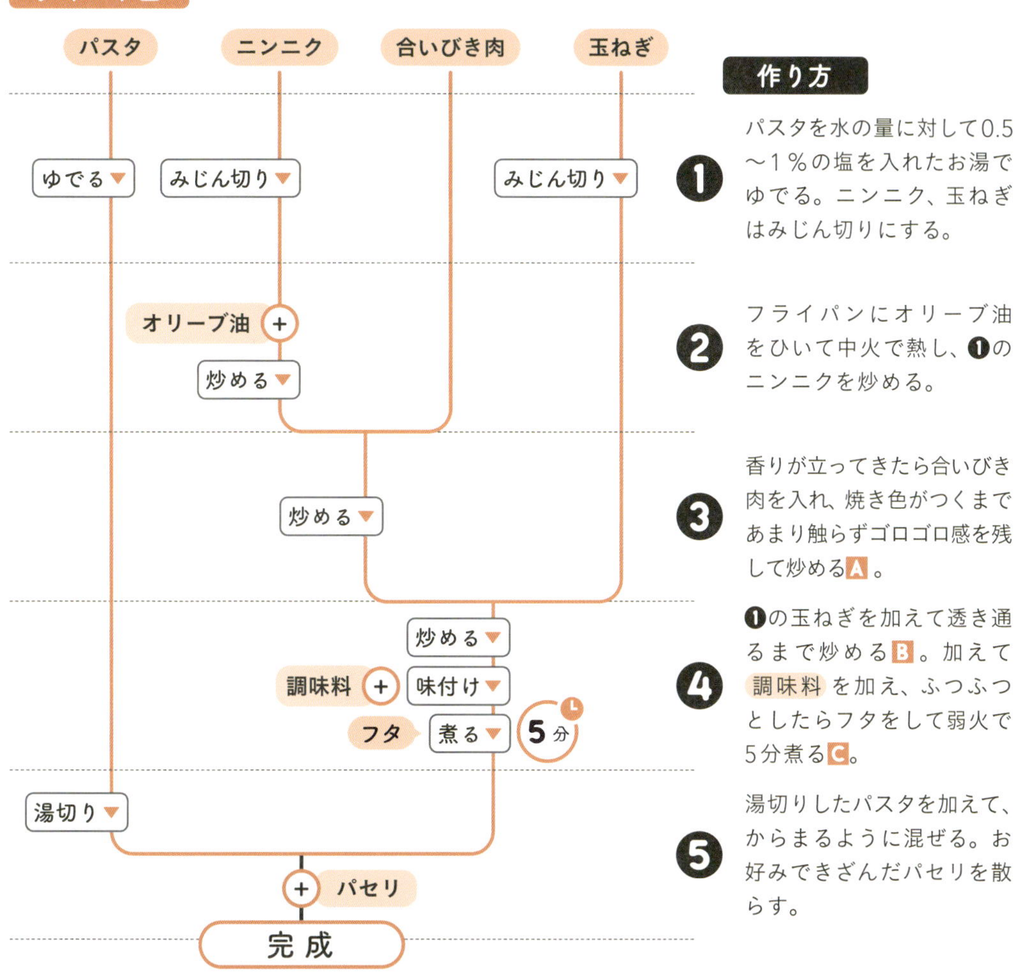

作り方

❶ パスタを水の量に対して0.5〜1％の塩を入れたお湯でゆでる。ニンニク、玉ねぎはみじん切りにする。

❷ フライパンにオリーブ油をひいて中火で熱し、❶のニンニクを炒める。

❸ 香りが立ってきたら合いびき肉を入れ、焼き色がつくまであまり触らずゴロゴロ感を残して炒めるA。

❹ ❶の玉ねぎを加えて透き通るまで炒めるB。加えて調味料を加え、ふつふつとしたらフタをして弱火で5分煮るC。

❺ 湯切りしたパスタを加えて、からまるように混ぜる。お好みできざんだパセリを散らす。

A

B

C

海鮮焼きうどん

疲れている日の自炊には、冷凍ものも上手に使って。
天かすや青のりで、風味豊かな味わいに。お好みで紅しょうがをプラスしても。

▶キャベツが余ったら

P.130 塩ダレキャベツ

P.131 キャベツとウインナーカレー粉炒め

材料｜2人前

冷凍うどん……2玉
冷凍海鮮ミックス……140g
キャベツ……100g
にんじん……1/4本
玉ねぎ……1/4個

ごま油……小さじ1
天かす……大さじ2
青のり……適宜

調味料

オイスターソース……小さじ4
みりん……小さじ2
しょうゆ……小さじ1
鶏がらスープの素……小さじ2/3

チャート図

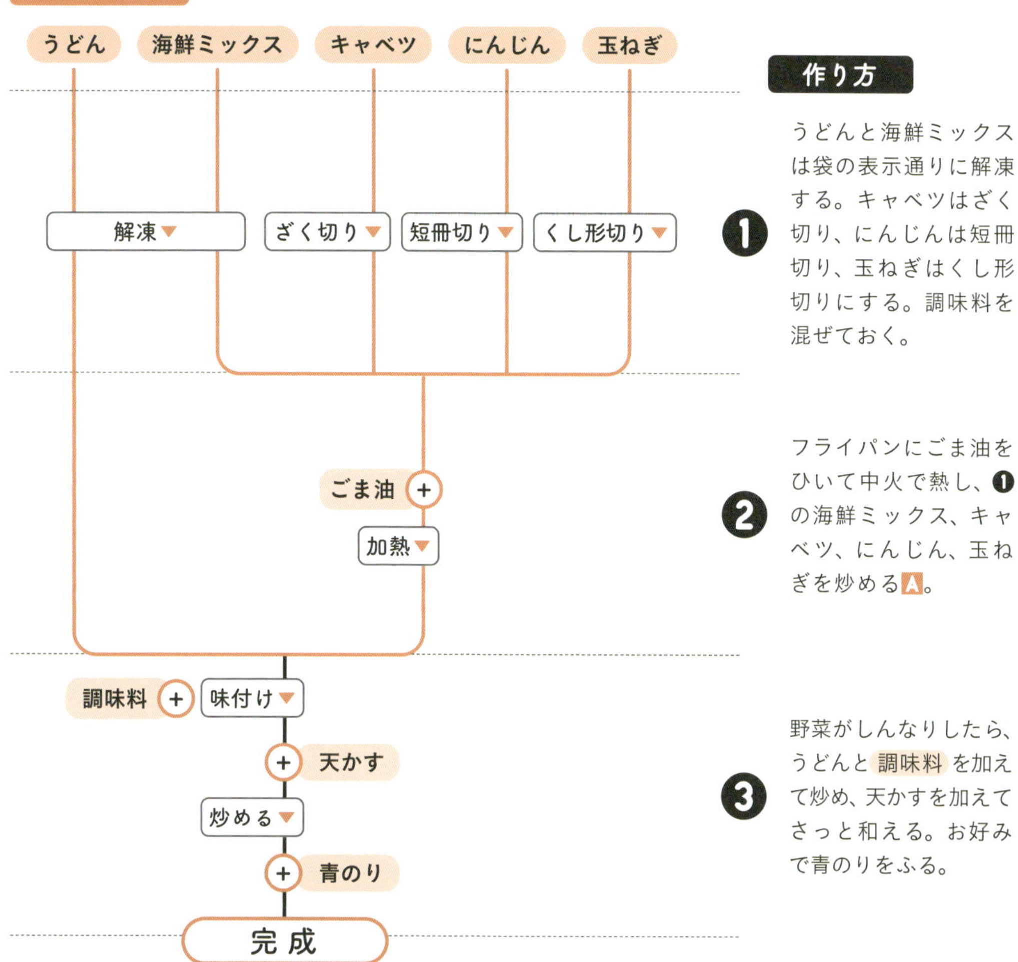

作り方

❶ うどんと海鮮ミックスは袋の表示通りに解凍する。キャベツはざく切り、にんじんは短冊切り、玉ねぎはくし形切りにする。調味料を混ぜておく。

❷ フライパンにごま油をひいて中火で熱し、❶の海鮮ミックス、キャベツ、にんじん、玉ねぎを炒めるA。

❸ 野菜がしんなりしたら、うどんと調味料を加えて炒め、天かすを加えてさっと和える。お好みで青のりをふる。

A

塩レモン焼きそば

ニンニクとレモンでさっぱりといただく麺は、疲労回復にもぴったり。
水分が飛ぶまでしっかり炒めると、香ばしさが増します。

▶もやしが余ったら

P.132 もやしのおかか和え

P.133 もやしとささみの旨辛ナムル

材料｜2人前

キャベツ····1/8玉（約150g）
豚バラ肉（スライス）····100g
もやし···········1/2袋（100g）
焼きそば麺······················2玉
レモン（輪切り）············適宜
紅しょうが·····················適宜

調味料

ニンニク（すりおろし）
······················小さじ1/6
レモン汁················小さじ2
鶏がらスープの素····小さじ2
料理酒······················大さじ1
ごま油······················小さじ1
塩························ひとつまみ
こしょう························適量

チャート図

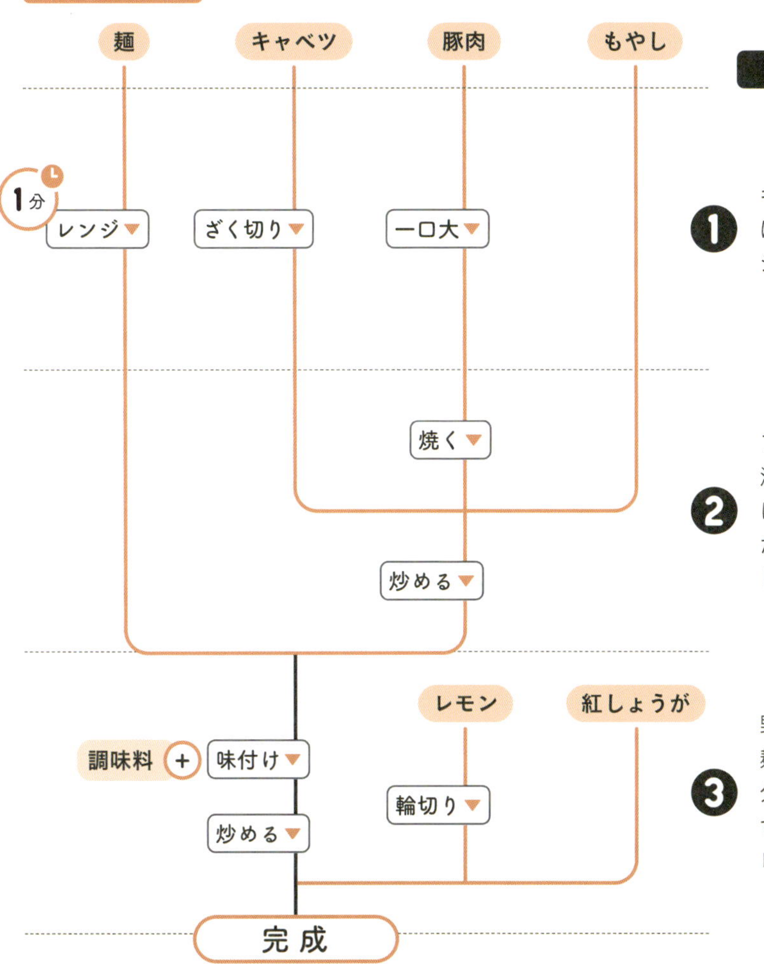

作り方

❶ キャベツはざく切り、豚肉は一口大に切る。麺はレンジで1分加熱するA。

❷ フライパンを中火で熱し、油をひかずに❶の豚肉を広げて焼く。肉の色が変わったら、❶のキャベツ、もやしを加える。

❸ 野菜がしんなりしたら❶の麺と調味料を加えるB。水分が飛んでパチパチと音がするまで炒める。器に盛り、レモンと紅しょうがを添える。

A

B

トマトとツナの さっぱりそうめん

暑い日や食欲がない日でも食べたくなる冷たいそうめん。
塩昆布とトマトでおいしくさっぱりいただけます。

▶トマトが余ったら

P.134 トマトのわさびじょうゆ和え

P.134 万能トマトソース

材料｜1人前

トマト……1/2個
大葉……1〜2枚
ツナ缶（オイルタイプ）…1缶
そうめん……1人前
塩昆布……ひとつまみ

調味料

麺つゆ（3倍濃縮）……大さじ1・1/2
ごま油……大さじ1/2
煎りごま……大さじ1/2
レモン汁……小さじ1

チャート図

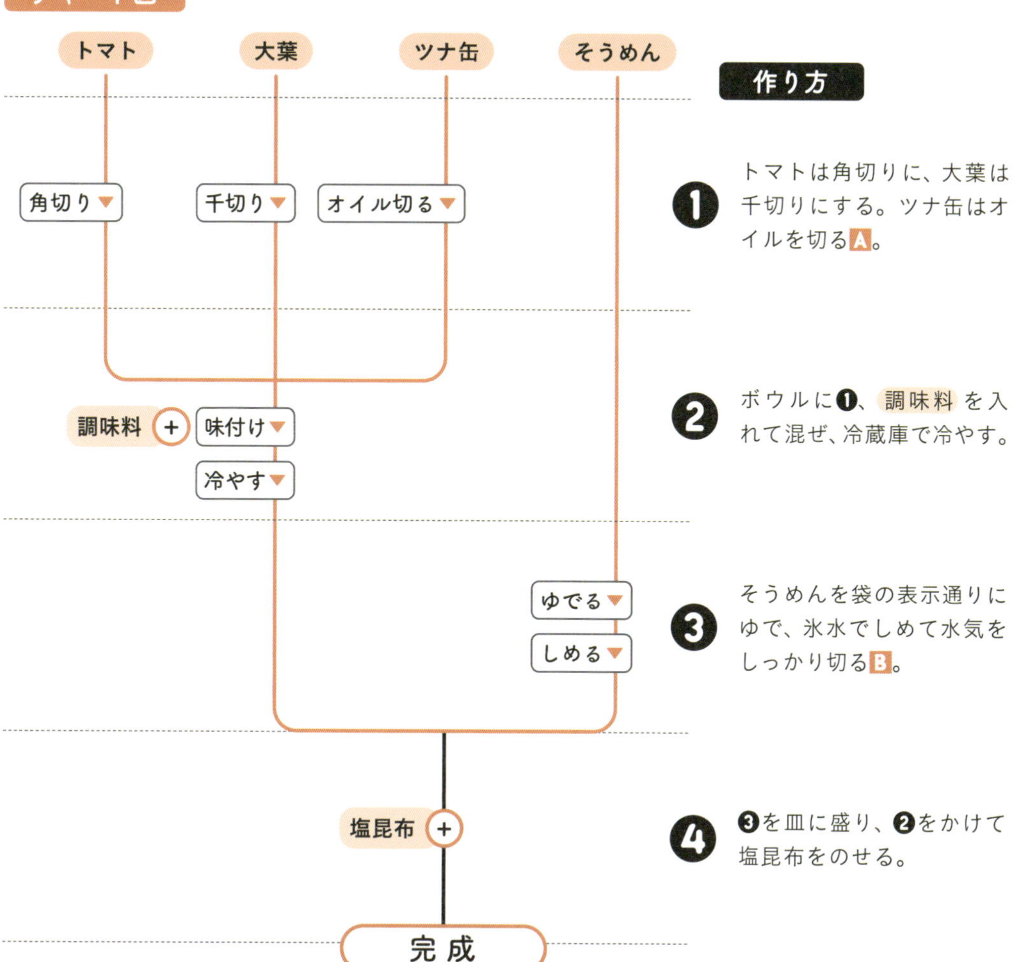

作り方

❶ トマトは角切りに、大葉は千切りにする。ツナ缶はオイルを切るA。

❷ ボウルに❶、調味料を入れて混ぜ、冷蔵庫で冷やす。

❸ そうめんを袋の表示通りにゆで、氷水でしめて水気をしっかり切るB。

❹ ❸を皿に盛り、❷をかけて塩昆布をのせる。

ねぎ塩豚丼

ねぎと豚バラだけで作る丼は、ニンニクやごまを加えることで
ぐっと味の幅が広がります。

▶長ねぎが余ったら
P.148 長ねぎと豚こまのキムチ炒め
P.149 長ねぎの焼き浸し

材料｜2人前

長ねぎ……1/2本
豚バラ肉（スライス）…200g
温かいごはん……2人前

調味料

料理酒……大さじ1
みりん……大さじ1/2
レモン汁……小さじ2
煎りごま……小さじ2
ごま油……小さじ1
ニンニク（すりおろし）……小さじ1/4
鶏がらスープの素……小さじ1/2
塩……ひとつまみ
こしょう……適量

チャート図

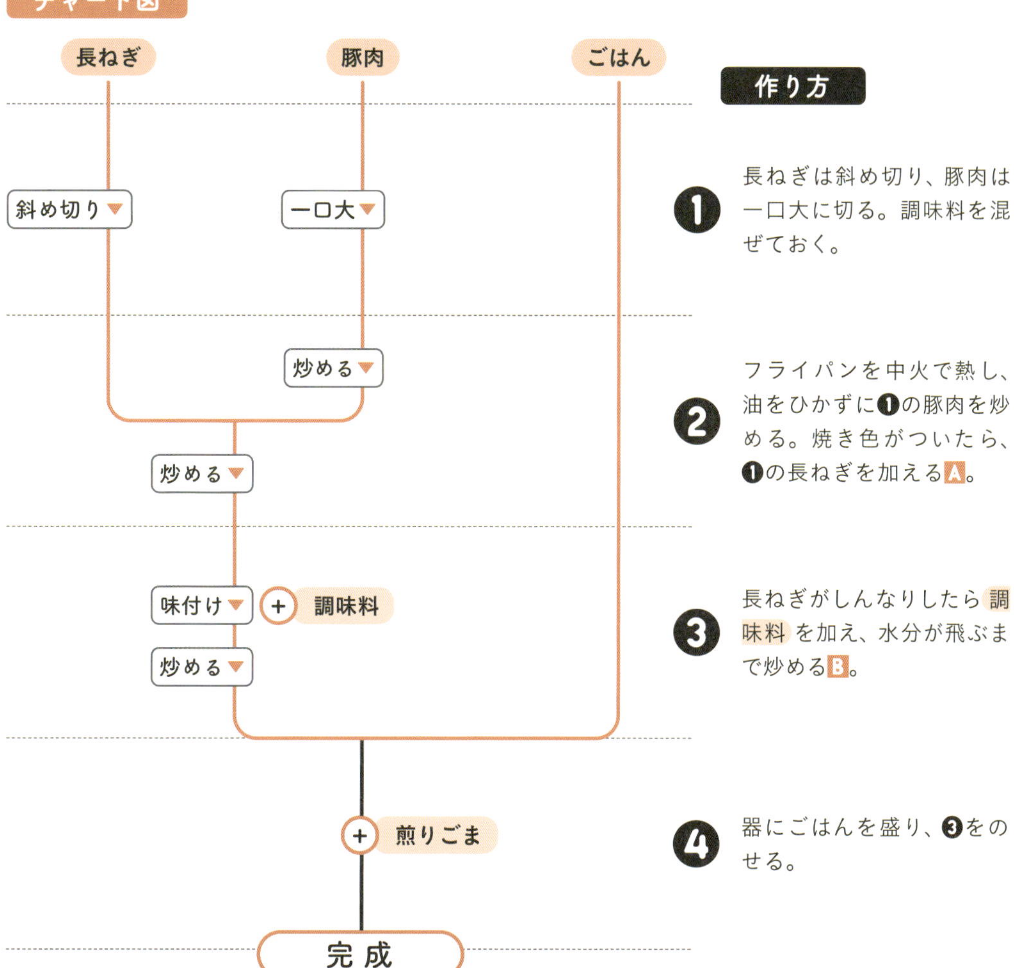

作り方

❶ 長ねぎは斜め切り、豚肉は一口大に切る。調味料を混ぜておく。

❷ フライパンを中火で熱し、油をひかずに❶の豚肉を炒める。焼き色がついたら、❶の長ねぎを加えるA。

❸ 長ねぎがしんなりしたら調味料を加え、水分が飛ぶまで炒めるB。

❹ 器にごはんを盛り、❸をのせる。

A

B

鶏肉の甘辛丼

しっかりと焼いてパリッとした鶏は、
豆板醤やコチュジャンで中華風の味付けに。
マヨネーズをかけると、さらにごはんが進みます。

材料｜2人前

鶏もも肉……1枚（約300g）
小麦粉……適量
温かいごはん……2人前
レタス……適量
サラダ油……小さじ2
マヨネーズ……適量

調味料
しょうゆ……小さじ1
みそ……小さじ1
みりん……小さじ2
砂糖……小さじ1
コチュジャン……小さじ1/2
豆板醤……小さじ1/2
ニンニク（すりおろし）……小さじ1/3
しょうが（すりおろし）……小さじ1/3

チャート図

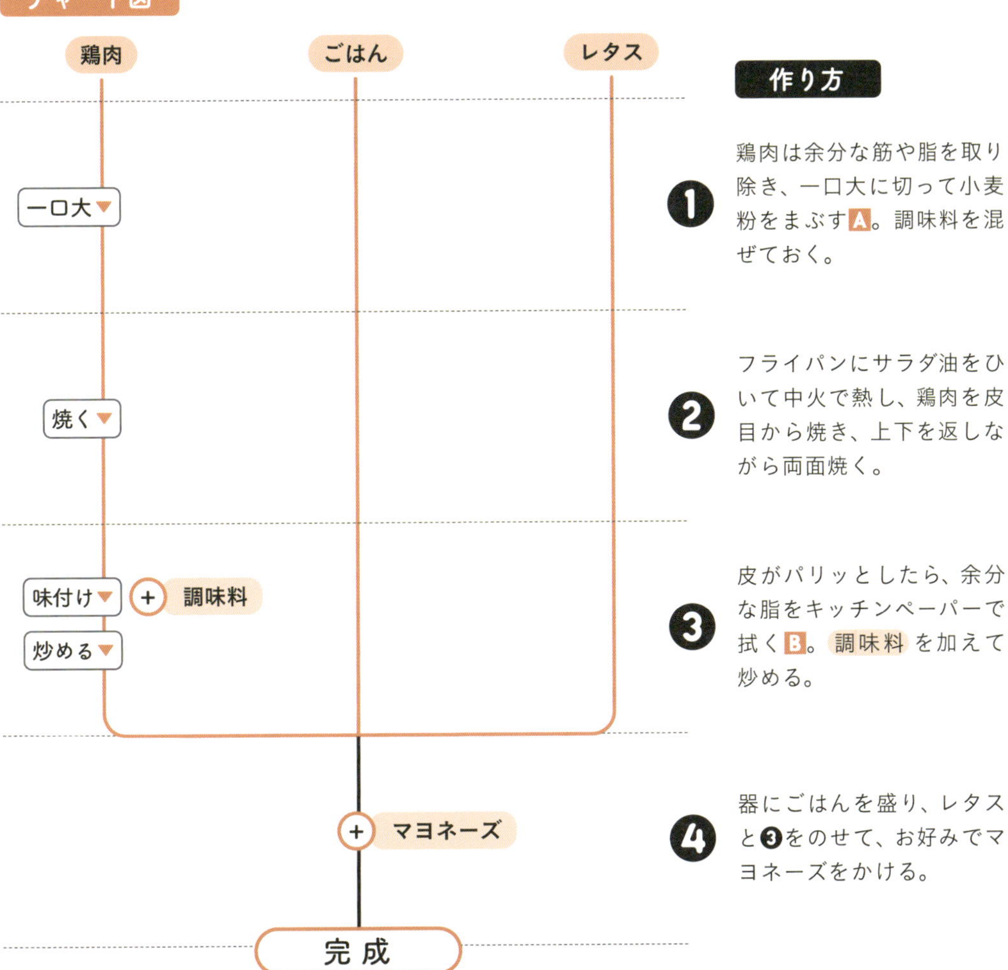

作り方

1. 鶏肉は余分な筋や脂を取り除き、一口大に切って小麦粉をまぶすA。調味料を混ぜておく。
2. フライパンにサラダ油をひいて中火で熱し、鶏肉を皮目から焼き、上下を返しながら両面焼く。
3. 皮がパリッとしたら、余分な脂をキッチンペーパーで拭くB。調味料を加えて炒める。
4. 器にごはんを盛り、レタスと❸をのせて、お好みでマヨネーズをかける。

A

B

ビビンバ丼

野菜がたっぷり食べられる簡単丼もの。
それぞれの素材の味や食感が活きるよう、炒めすぎには注意して。

▶小松菜が余ったら
P.157 小松菜としらすのふりかけ

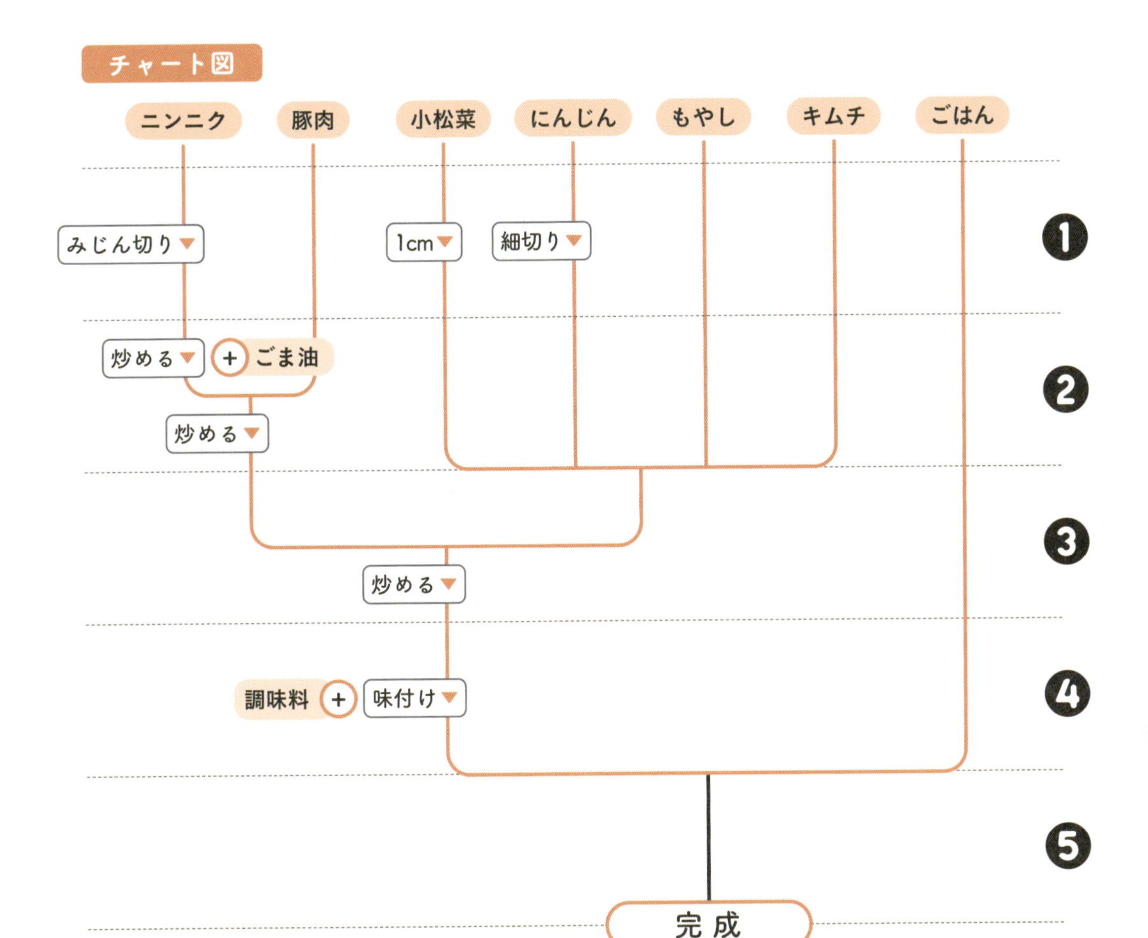

材料｜2人前

ニンニク……1/2片
小松菜……1株
にんじん……1/3本
ごま油……小さじ1
豚ひき肉……100g
もやし……1/2袋（100g）
キムチ……100g
温かいごはん……2人前

調味料

鶏がらスープの素……小さじ1
コチュジャン……小さじ1/2
砂糖……小さじ1/2
しょうゆ……小さじ1/2

作り方

❶ ニンニクはみじん切り、小松菜は1cm幅、にんじんは細切りにする。

❷ フライパンにごま油をひいて中火で熱し、❶のニンニクを炒める。香りが立ってきたら、豚肉加えて炒める。

❸ 肉に焼き色がついたら、❶の小松菜、にんじん、もやし、キムチを加えて炒める。

❹ 野菜がしんなりしたら調味料を加え、水分が飛ぶまで炒めるA。

❺ 器にごはんを盛り、❹をのせる。

エビ玉丼

エビと天かすで揚げずにエビ天丼風に。
卵を加熱しすぎないよう気をつけて、とろとろとしたおいしさを楽しんで。

材料｜1人前

- エビ……5尾
- 玉ねぎ……1/4個
- 水……50ml
- 麺つゆ（3倍濃縮）…大さじ1
- 天かす……大さじ山盛り1
- 三つ葉……適宜
- 卵……1個
- 温かいごはん……1人前

チャート図

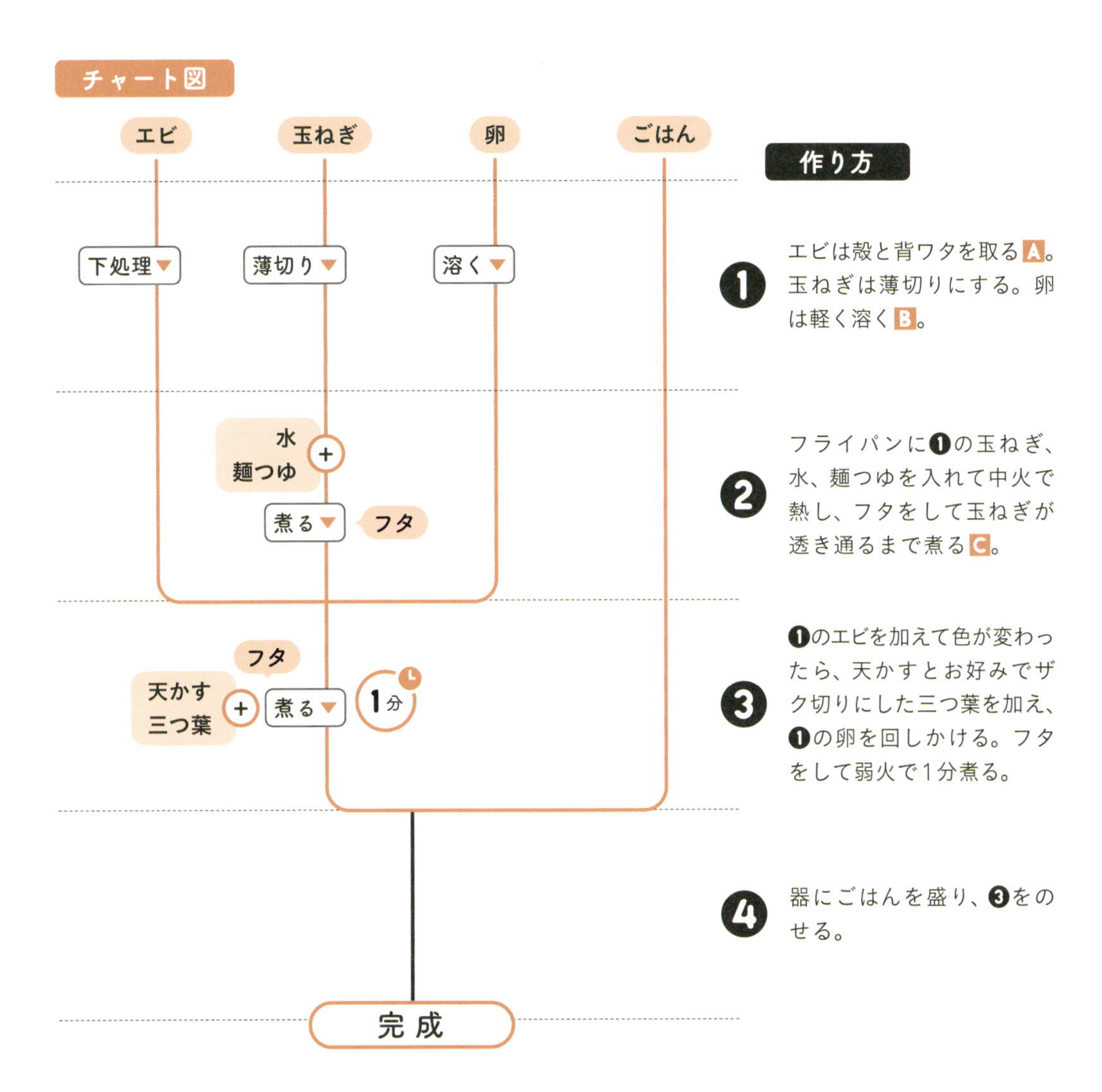

作り方

1. エビは殻と背ワタを取るA。玉ねぎは薄切りにする。卵は軽く溶くB。
2. フライパンに❶の玉ねぎ、水、麺つゆを入れて中火で熱し、フタをして玉ねぎが透き通るまで煮るC。
3. ❶のエビを加えて色が変わったら、天かすとお好みでザク切りにした三つ葉を加え、❶の卵を回しかける。フタをして弱火で1分煮る。
4. 器にごはんを盛り、❸をのせる。

A

B

C

COLUMN－2

素敵なデザートタイムを自宅でも

休日にはゆったり喫茶店巡りを。コーヒーのいい香りと、魅力的なごはん、そしてデザートをいただくのが癒しのひとときとなっています。デザートの中でも、特に好きなのがプリンです。むっちりとした、少し固めだけどなめらかな食感がたまらなくおいしいです。プリンにはそのシンプルな見た目以上に、素敵な魅力がたくさん詰まっています。おうちでプリンを作って、コーヒーや紅茶などとともにいただくと、日常の中にゆったりとした時間をもたらしてくれます。素敵なデザートタイムをぜひおうちでもお楽しみください。

ひとり暮らしのおうちデザート

材料｜カップ（100ml）約2個分

カラメル

砂糖……大さじ2

水……大さじ2

プリン液

全卵……1個

卵黄……1個

牛乳……150ml

砂糖……20g

バター……2g

作り方

1. カラメルは、鍋に砂糖、水（大さじ1）を入れて加熱し、ふつふつとして色づいてきたら鍋をゆする。カラメル色になったら火を止め、水（大さじ1）を加えてカラメルのかたまりがなくなるまで鍋をゆする。
2. ボウルに全卵、卵黄と砂糖を入れて泡立て器で混ぜる。
3. 牛乳を鍋で温めて、鍋のふちが少しふつふつしてきたらすぐ火を止め、❷のボウルに入れて混ぜて濾す。
4. バターを耐熱容器に入れ、レンジで20～30秒加熱して溶かす。プリンカップの内側に溶かしたバターを塗り、カラメル、卵液の順番で入れ、アルミホイルでフタをする。
5. 鍋底にキッチンペーパー2枚を重ねて半分に折ったものを敷いてプリンカップを入れる。水を鍋底から2cmほどまで入れて、水が沸いてきたらフタをして弱火で5分加熱する。
6. 5分経ったら火を止めて、フタをしたまま鍋の中で20～30分で置き、冷めたら冷蔵庫で冷やす。

Part 4

チャレンジ！
一汁一菜レシピ

フライパンで作るメインのおかずに加えて、
みそ汁やスープなどの汁ものにもチャレンジ。
いつもの朝ごはんに汁ものが加わるだけで、
幸せな気分で一日を過ごせますよ。

豚こまチャプチェ

春雨と野菜を炒めた韓国式の野菜炒め。
コチュジャンとみりんで
ごはんが進む味わいに仕上げます。
ごま油で炒めたなすのおみそ汁がよく合います。

▶にんじんが余ったら
P.152 にんじんのチヂミ
P.153 にんじんのツナマヨ和え

材料｜2人前

春雨(乾燥)……50g
ピーマン……1個
にんじん……1/3本
玉ねぎ……1/3個
豚こま切れ肉……200g
ごま油……小さじ2
煎りごま……小さじ2

調味料

しょうゆ……大さじ1
鶏がらスープの素……小さじ1/2
コチュジャン……小さじ2
砂糖……小さじ1
みりん……小さじ2
ニンニク(すりおろし)……小さじ1/2

チャート図

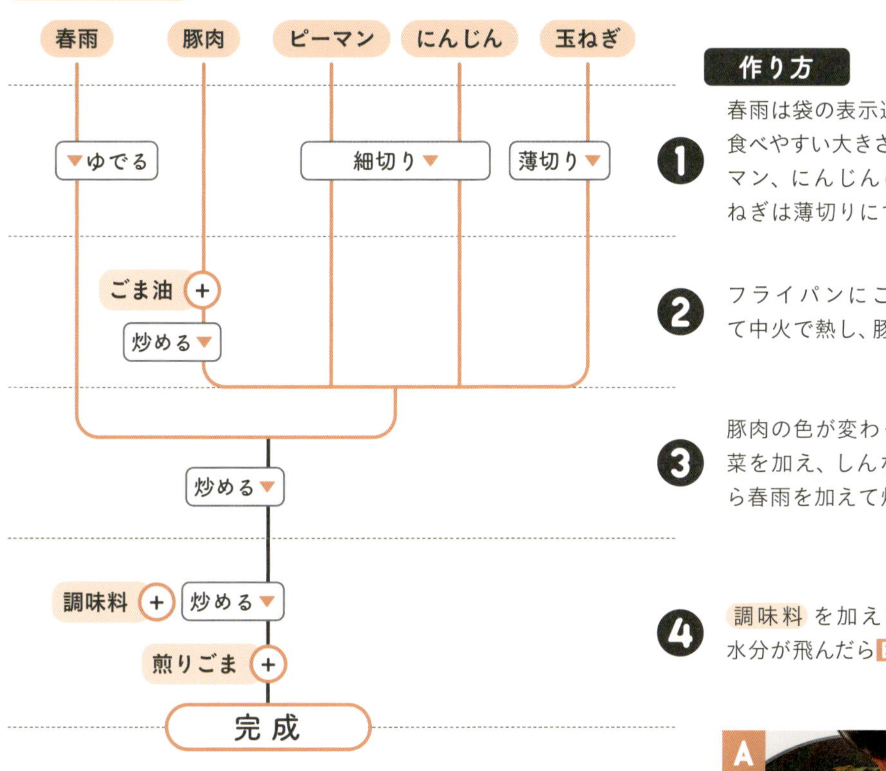

作り方

1. 春雨は袋の表示通りにゆでて、食べやすい大きさに切る。ピーマン、にんじんは細切り、玉ねぎは薄切りにする。
2. フライパンにごま油をひいて中火で熱し、豚肉を炒める。
3. 豚肉の色が変わったら❶の野菜を加え、しんなりしてきたら春雨を加えて炒める。
4. 調味料を加えて炒めるA。水分が飛んだらBごまをふる。

焼きなすのみそ汁

1. なす(1本)を半月切りにし、鍋にごま油(小さじ1・1/2)をひいて中火で炒める。
2. 軽く焼色がついたら水(400ml)と顆粒和風だしの素(小さじ1)を加え、煮立ったらみそ(大さじ1)を溶く。最後に小ねぎ(適量)を散らす。

豆腐でふんわり豚つくね

豆腐を加えてふんわりヘルシーに作るつくね。
卵黄につけてまろやかに。
メインに野菜が少ない日は、
野菜たっぷりのスープで栄養を補いましょう。

▶長ねぎが余ったら
P.148 長ねぎのナムル
P.149 ねぎみそ

材料｜1～2人前

長ねぎ……1/2本
サラダ油……小さじ1
煎りごま……適量
レタス……適宜
卵(黄身)……2個(適宜)

肉だね

豚ひき肉……150g
木綿豆腐……150g
しょうが(すりおろし)……小さじ1/2
塩……少々
片栗粉……大さじ2

調味料

しょうゆ……大さじ1
みりん……大さじ1
料理酒……大さじ1
砂糖……小さじ1

チャート図

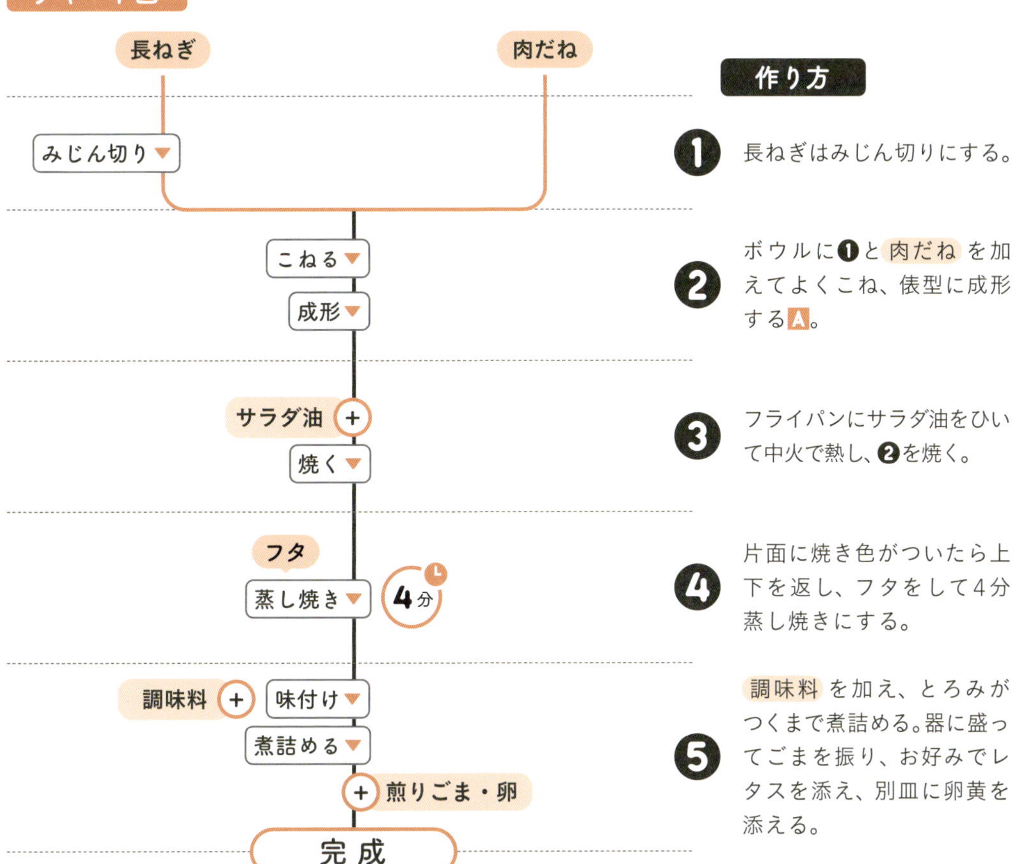

作り方

1. 長ねぎはみじん切りにする。
2. ボウルに❶と肉だねを加えてよくこね、俵型に成形するA。
3. フライパンにサラダ油をひいて中火で熱し、❷を焼く。
4. 片面に焼き色がついたら上下を返し、フタをして4分蒸し焼きにする。
5. 調味料を加え、とろみがつくまで煮詰める。器に盛ってごまを振り、お好みでレタスを添え、別皿に卵黄を添える。

ケチャップでミネストローネ

1. じゃがいも(1/2個)は1cmのさいの目切り、玉ねぎ(1/4個)、にんじん(1/4本)は5mmのあられ切り、キャベツ(1/16玉・約75g)を角切りにし、ウインナー(2本)を輪切りにする。
2. フライパンにオリーブ油(小さじ1)をひき、野菜とウインナーを入れて中火で野菜がしんなりするまで炒める。
3. 水(300ml)、ケチャップ(大さじ2と1/2)、顆粒コンソメ(小さじ2)を加え、フタをして5分煮る。

玉ねぎの肉巻き

玉ねぎにくるりと豚肉を巻いて、甘辛く味付け。
蒸し焼きされた玉ねぎの甘みがぐっと引き出されるおかずです。

材料｜1～2人前

玉ねぎ……1/2個
豚バラ肉(スライス)……約150g
料理酒……大さじ1

ⓐ
- トマト(くし切り)…適宜
- きゅうり(輪切り)…適宜
- キャベツ(千切り)…適宜

調味料

しょうゆ……小さじ2
みりん……大さじ1/2
砂糖……小さじ1/2

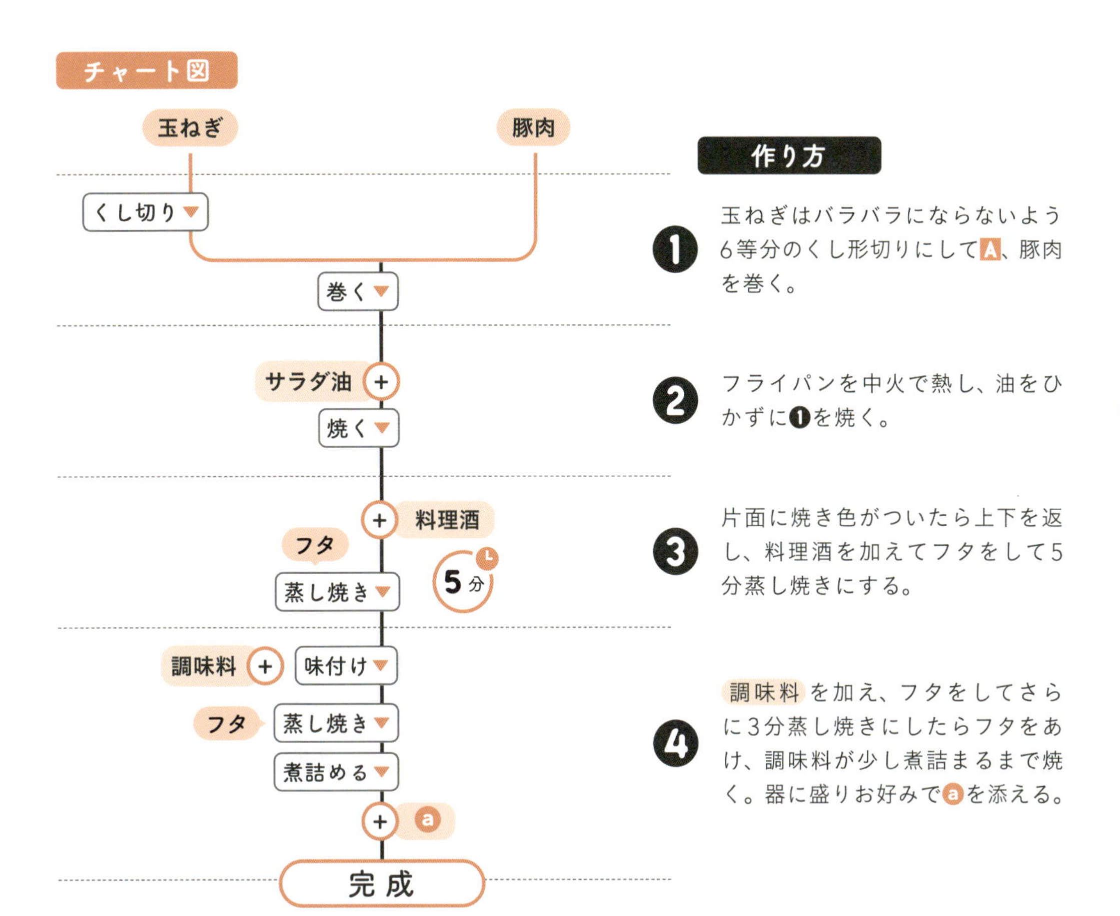

作り方

1. 玉ねぎはバラバラにならないよう6等分のくし形切りにしてA、豚肉を巻く。
2. フライパンを中火で熱し、油をひかずに❶を焼く。
3. 片面に焼き色がついたら上下を返し、料理酒を加えてフタをして5分蒸し焼きにする。
4. 調味料を加え、フタをしてさらに3分蒸し焼きにしたらフタをあけ、調味料が少し煮詰まるまで焼く。器に盛りお好みでⓐを添える。

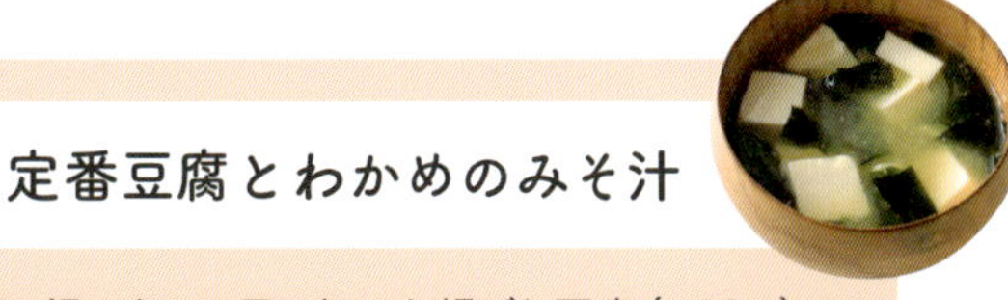

定番豆腐とわかめのみそ汁

1. 鍋にさいの目に切った絹ごし豆腐(100g)、乾燥わかめ(小さじ2)、水(400 ml)、顆粒和風だしの素(小さじ1)を入れて中火で熱し、煮立ったら火を止めてみそ(大さじ1)を溶く。

豚薄切り肉の竜田揚げ

薄切り肉を使うことで、少ない油でカリっと仕上がります。
昔おばあちゃんがよく作ってくれた、思い出の味。ぜひご賞味あれ。

材料｜2～3人前

豚ロース肉（スライス）……200g
片栗粉……適量
サラダ油……適量
ⓐ ミニトマト……適宜
ⓐ キャベツ（千切り）……適宜
ⓐ レモン（くし切り）……適宜
ポン酢・からし……適宜

調味料
しょうが（すりおろし）……小さじ1/2
ニンニク（すりおろし）……小さじ1/2
しょうゆ……小さじ4
砂糖……小さじ1
料理酒……大さじ2

チャート図

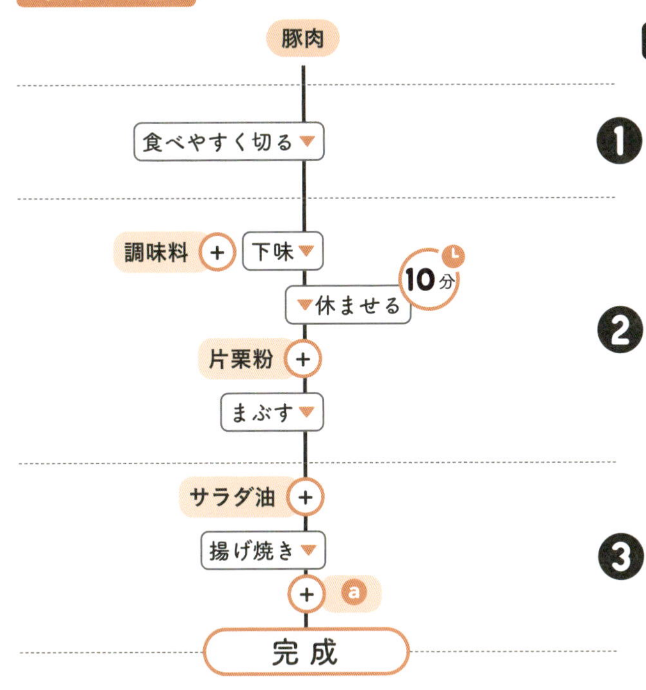

作り方

❶ 豚肉は食べやすい大きさに切る。キャベツは千切り。レモンはくし切りにする。

❷ ボウルに❶と調味料を入れて揉み、冷蔵庫で10分休ませるA。肉を1枚ずつ広げて、片栗粉を両面にまぶす。

❸ フライパンの底から1cmほどサラダ油をひいて中火で熱し、❷を入れて両面カリッときつね色になるまで揚げるB。お好みで、ⓐ、ポン酢とからしを添える。

A

B

サバ缶の冷や汁

2～3人前

❶ ボウルに汁気を切り、ほぐしたサバの水煮缶（1/2缶）とみそ（小さじ2）、白だし（小さじ2）、すりごま（大さじ1）、冷水（200ml）を入れ、よく混ぜてみそを溶く。

❷ きゅうり（1/2本）は小口切りにして塩でもみ、流水で洗ったあと水分をしっかり絞る。

❸ ❷とさいの目に切った絹ごし豆腐（150g）、千切りにした大葉（3枚）とみょうが（お好みで）を加える。

※献立に応じてみそや冷水で味の濃さを調整してください。

焼き油淋鶏

少ない油でパリパリに焼いた鶏肉を、ねぎたっぷりのソースでどうぞ。
フタをして蒸し焼きにすると、中がしっとり仕上がります。

材料｜1～2人前

長ねぎ(白い部分)……………1/3本
鶏もも肉…………………1枚(300g
ⓐ レモン(くし切り)……適宜
ⓐ トマト(くし切り)……適宜
ⓐ レタス……………………適宜

サラダ油…………………大さじ1
料理酒……………………大さじ1
塩……………………………少々
こしょう……………………適量
片栗粉………………………適量

調味料

しょうゆ…………………大さじ1
酢…………………………小さじ2
ごま油……………………小さじ1
砂糖………………………小さじ1
しょうが(すりおろし)
……………………小さじ1/4
ニンニク(すりおろし)
……………………小さじ1/4

チャート図

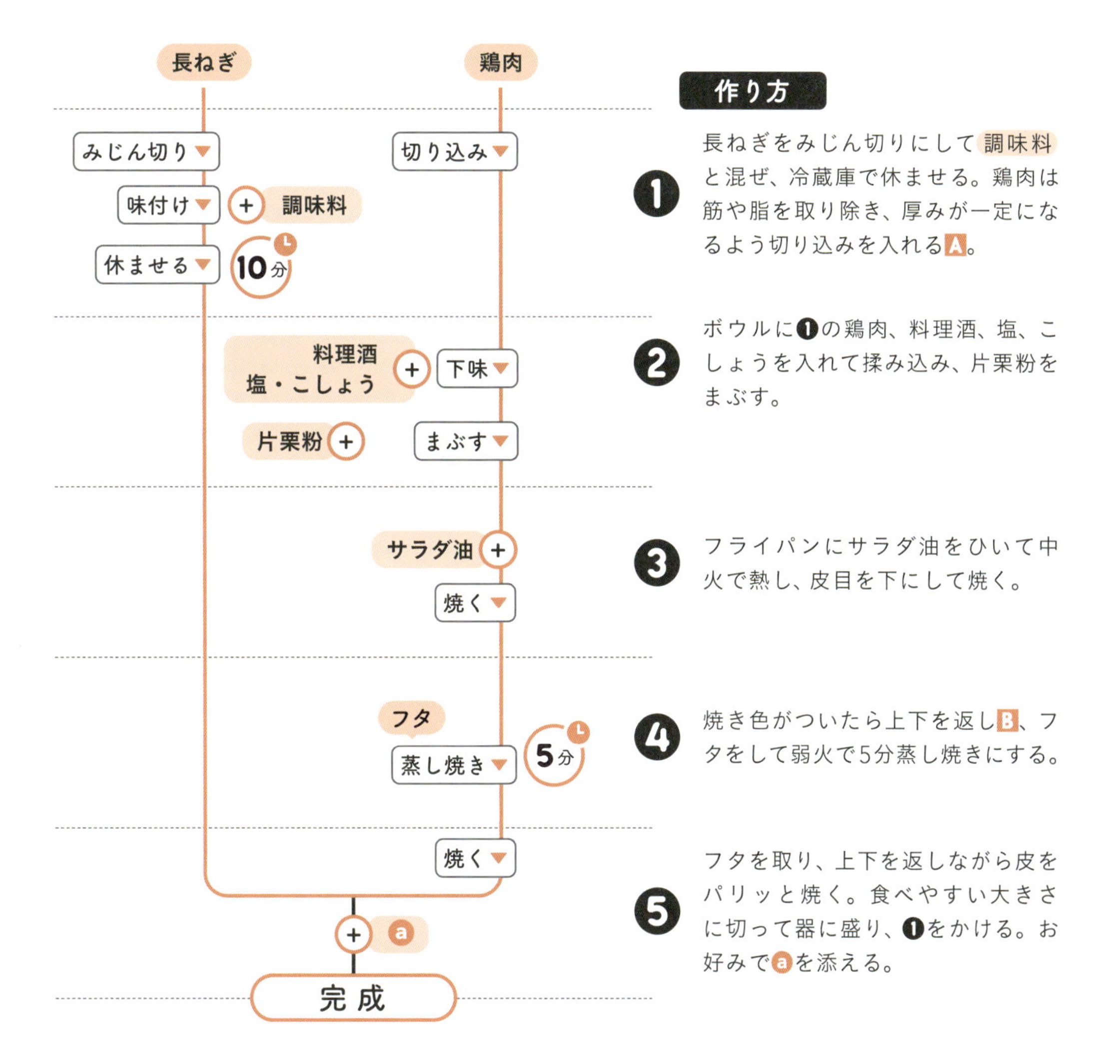

作り方

❶ 長ねぎをみじん切りにして調味料と混ぜ、冷蔵庫で休ませる。鶏肉は筋や脂を取り除き、厚みが一定になるよう切り込みを入れるA。

❷ ボウルに❶の鶏肉、料理酒、塩、こしょうを入れて揉み込み、片栗粉をまぶす。

❸ フライパンにサラダ油をひいて中火で熱し、皮目を下にして焼く。

❹ 焼き色がついたら上下を返しB、フタをして弱火で5分蒸し焼きにする。

❺ フタを取り、上下を返しながら皮をパリッと焼く。食べやすい大きさに切って器に盛り、❶をかける。お好みでⓐを添える。

A

B

きのことベーコンの豆乳スープ

❶ 鍋にバター（5g）を入れて中火で熱し、手で割いたしめじ（1/2袋）、1cm幅に切ったベーコン（2枚）、薄切りにした玉ねぎ（1/4個）を炒める。

❷ 野菜がしんなりしたら豆乳（200ml）、水（100ml）、顆粒コンソメ（小さじ1と1/2）、こしょう（適量）を加えて沸騰させないように加熱する。お好みでパセリ（適量）を散らす。

やみつき名古屋風手羽先

ニンニク風味の調味料でガツンと。
豪快にかぶりついて、ジュワっと広がる旨みを楽しんで。

材料｜2人前

手羽先……8本
小麦粉……適量
サラダ油……大さじ2
煎りごま……適量
こしょう……適量
a［レタス……適宜
　レモン（くし切り）……適宜

調味料
しょうゆ……大さじ2
料理酒……大さじ2
みりん……大さじ2
砂糖……小さじ1
ニンニク（すりおろし）……小さじ1/4

チャート図

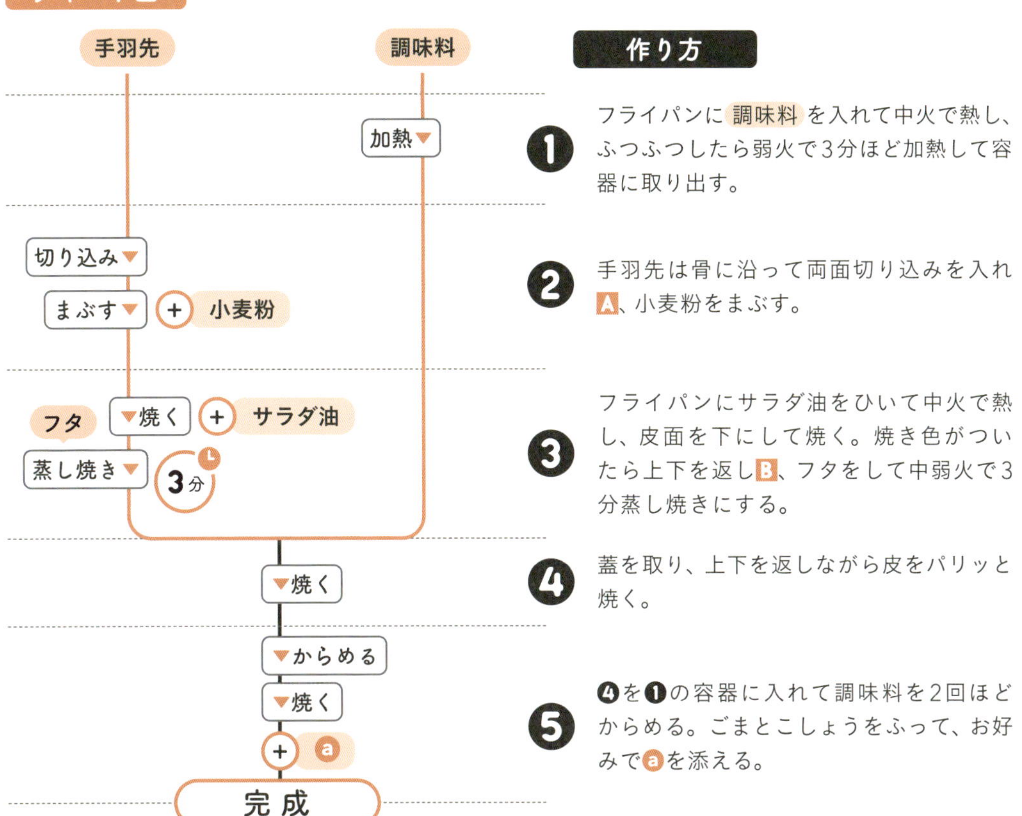

作り方

1. フライパンに調味料を入れて中火で熱し、ふつふつしたら弱火で3分ほど加熱して容器に取り出す。
2. 手羽先は骨に沿って両面切り込みを入れA、小麦粉をまぶす。
3. フライパンにサラダ油をひいて中火で熱し、皮面を下にして焼く。焼き色がついたら上下を返しB、フタをして中弱火で3分蒸し焼きにする。
4. 蓋を取り、上下を返しながら皮をパリッと焼く。
5. ❹を❶の容器に入れて調味料を2回ほどからめる。ごまとこしょうをふって、お好みでaを添える。

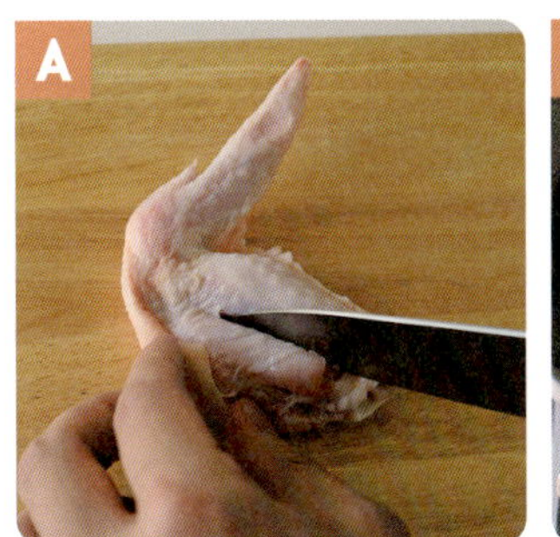
A

B

玉ねぎと落とし卵のみそ汁

1. 鍋に水（400ml）、顆粒和風だしの素（小さじ1）、薄切りにした玉ねぎ（1/4個）を入れ、フタをして玉ねぎが透き通るまで、中火で3〜5分煮る。
2. みそ（大さじ1）を溶き、卵2個を割って加えたらフタをして弱火で3分煮る。

むね肉で鶏マヨ

あっさりした味わいの鶏むね肉には、マヨネーズとケチャップでガツンと味付け。
ごはんによく合う一品です。

材料｜1～2人前

鶏むね肉……1枚（約300g）
ニンニク（すりおろし）……小さじ1/2
しょうゆ……小さじ2
料理酒……大さじ1
片栗粉……適量
サラダ油……大さじ3
a ［トマト（くし切り）……適量
　 レタス……適量

調味料
マヨネーズ……大さじ2
ケチャップ……大さじ1
砂糖……小さじ1
レモン汁……小さじ1
塩……少々

チャート図

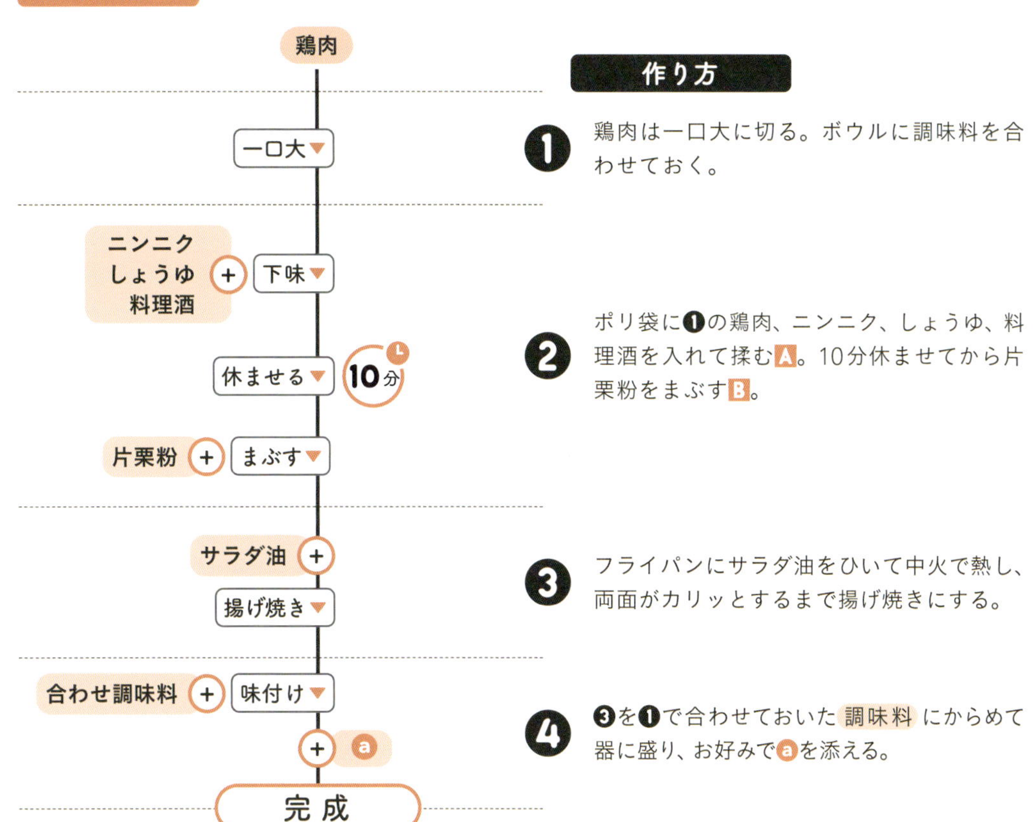

作り方

❶ 鶏肉は一口大に切る。ボウルに調味料を合わせておく。

❷ ポリ袋に❶の鶏肉、ニンニク、しょうゆ、料理酒を入れて揉むA。10分休ませてから片栗粉をまぶすB。

❸ フライパンにサラダ油をひいて中火で熱し、両面がカリッとするまで揚げ焼きにする。

❹ ❸を❶で合わせておいた調味料にからめて器に盛り、お好みでaを添える。

A

B

白菜と麩のみそ汁

❶ 鍋に2cm幅に切った白菜（1/16株・約130g）、水（400ml）、顆粒和風だしの素（小さじ1）を入れて中火にかけ、白菜に火が通るまで煮る。

❷ 麩（8g）を加えて柔らかくなったら、火を止めてみそ（大さじ1）を溶く。

ささみの南蛮漬け

野菜たっぷりのさっぱりとした漬け汁は、ほかの魚やお肉でもよく合います。
野菜をたくさん食べたいときのレシピとして覚えておきましょう。

材料｜1～2人前

ピーマン……1個
にんじん……1/3本
玉ねぎ……1/4個
ささみ……200g
料理酒……大さじ1
塩……少々
片栗粉……適量
サラダ油……大さじ2

調味料

酢……大さじ3
砂糖……大さじ1
しょうゆ……大さじ2
顆粒和風だしの素……小さじ1/3

チャート図

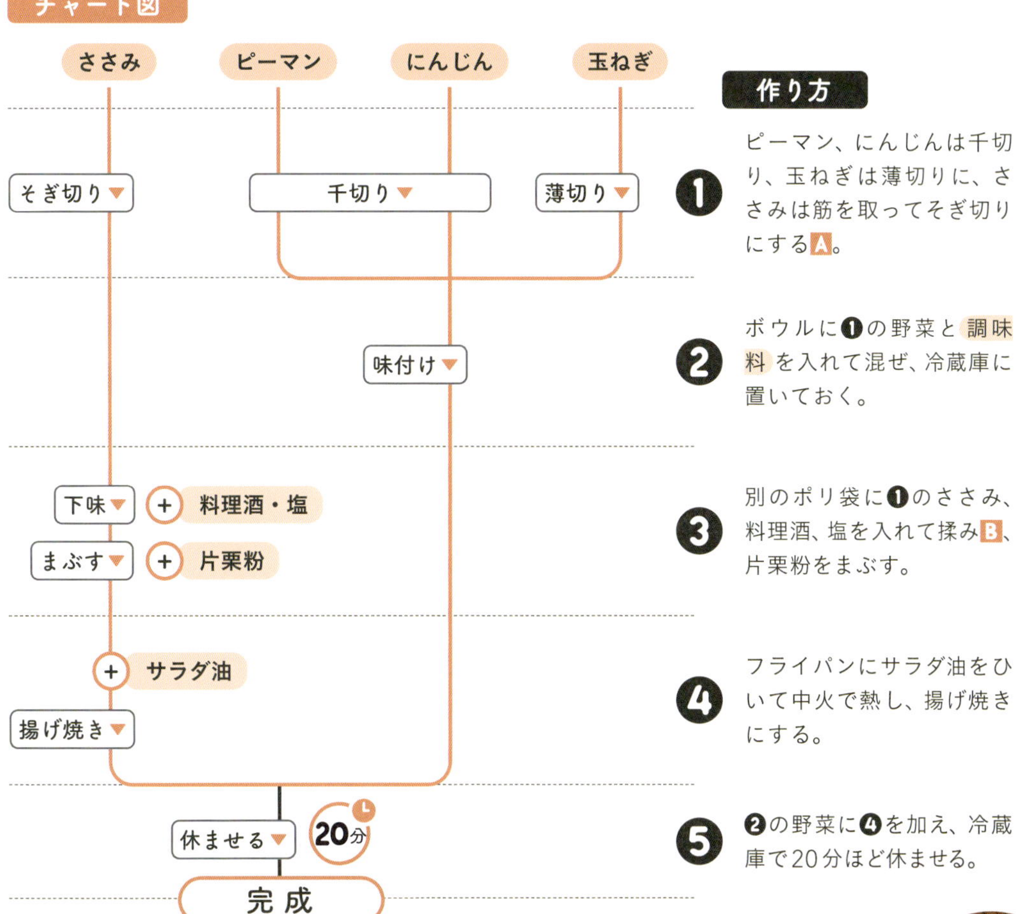

作り方

❶ ピーマン、にんじんは千切り、玉ねぎは薄切りに、ささみは筋を取ってそぎ切りにするA。

❷ ボウルに❶の野菜と調味料を入れて混ぜ、冷蔵庫に置いておく。

❸ 別のポリ袋に❶のささみ、料理酒、塩を入れて揉みB、片栗粉をまぶす。

❹ フライパンにサラダ油をひいて中火で熱し、揚げ焼きにする。

❺ ❷の野菜に❹を加え、冷蔵庫で20分ほど休ませる。

A

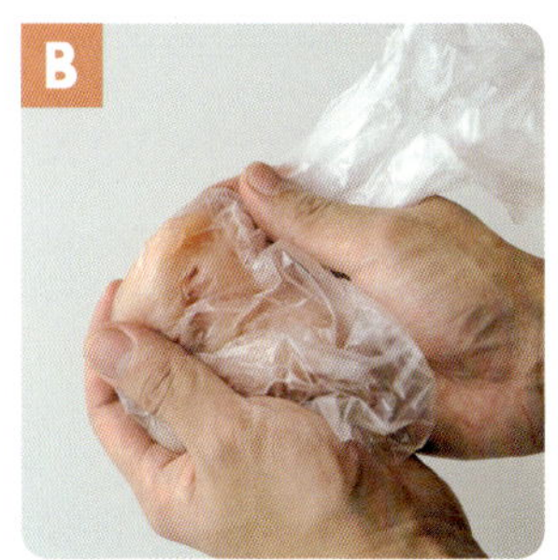

さつまいもと油揚げのみそ汁

❶ 鍋に水（400ml）、顆粒和風だしの素（小さじ1）、いちょう切りにして水に10分ほど浸したさつまいも（約100g）、短冊切りにした油揚げ（1/2枚）を入れて中火で熱する。

❷ さつまいもが柔らかくなったら、火を止めてみそ（大さじ1）を溶く。小ねぎ（適量）を振る。

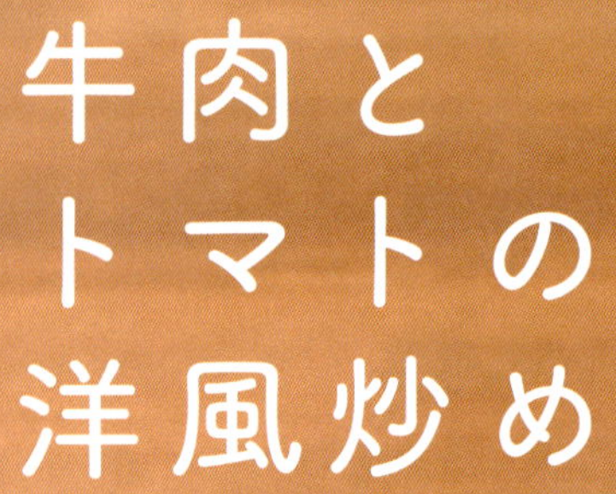

牛肉とトマトの洋風炒め

相性抜群の牛こま肉と
トマトを合わせた
旨みたっぷりの炒めもの。
食物繊維が摂れるきのこもたっぷり
入れるとうまみもアップ。

▶トマトが余ったら

P.134 万能トマトソース
P.134 トマトのわさびじょうゆ和え

材料｜2人前

トマト……1個
玉ねぎ……1/2個
しめじ……1パック
バター……10g
ニンニク……1/2片
牛こま切れ肉……250g
塩……ひとつまみ
こしょう……適量

調味料

ケチャップ……大さじ1
中濃ソース……大さじ1
顆粒コンソメ……小さじ1
料理酒……小さじ2
砂糖……小さじ2

チャート図

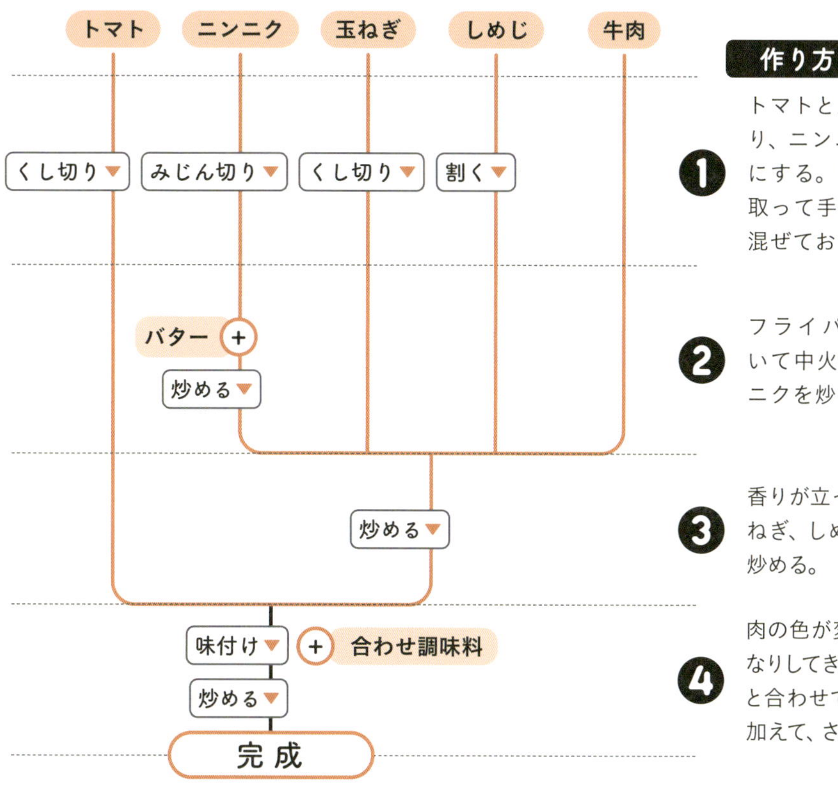

作り方

1. トマトと玉ねぎはくし形切り、ニンニクはみじん切りにする。しめじは石づきを取って手で割く。調味料を混ぜておく。
2. フライパンにバターをひいて中火で熱し、❶のニンニクを炒める。
3. 香りが立ってきたら、❶の玉ねぎ、しめじ、牛肉を加えて炒める。
4. 肉の色が変わり、野菜がしんなりしてきたら**A**、❶のトマトと合わせておいた調味料を加えて、さっと炒める。

ポトフ

1. 鍋にオリーブ油（小さじ2）をひいて中火で熱し、乱切りにしたじゃがいも（1個）とにんじん（1/3本）、くし形切りにした玉ねぎ（1/2個）ざくぎりにしたキャベツ（1/8玉・約150g）、ウインナー（4本を斜め切り）を炒める。
2. 焼き色がついたら、水（400 ml）、顆粒コンソメ（小さじ2）、塩（少々）を加え、柔らかくなるまでフタをして弱火で10〜15分煮る。お好みでこしょうとパセリをふる。

厚揚げの ニラもやし炒め

シャキシャキのもやしとニラの相性は抜群。
すべての材料をさっと炒めるだけでできる、
疲れた日のお助けレシピです。

▶もやしが余ったら

P.132 もやしとひき肉のごまみそ炒め

P.133 もやしとわかめのうめポン酢和え

材料｜1～2人前

ニラ……1/2束(約60g)
厚揚げ……1枚
豚ひき肉……100g
もやし……1/2袋
サラダ油……小さじ1

調味料

オイスターソース……小さじ1
しょうゆ……小さじ1
みりん……小さじ2
ニンニク(すりおろし)……小さじ1/6
豆板醤……小さじ1/2
料理酒……大さじ1

水溶き片栗粉

片栗粉……小さじ1
水……小さじ1

チャート図

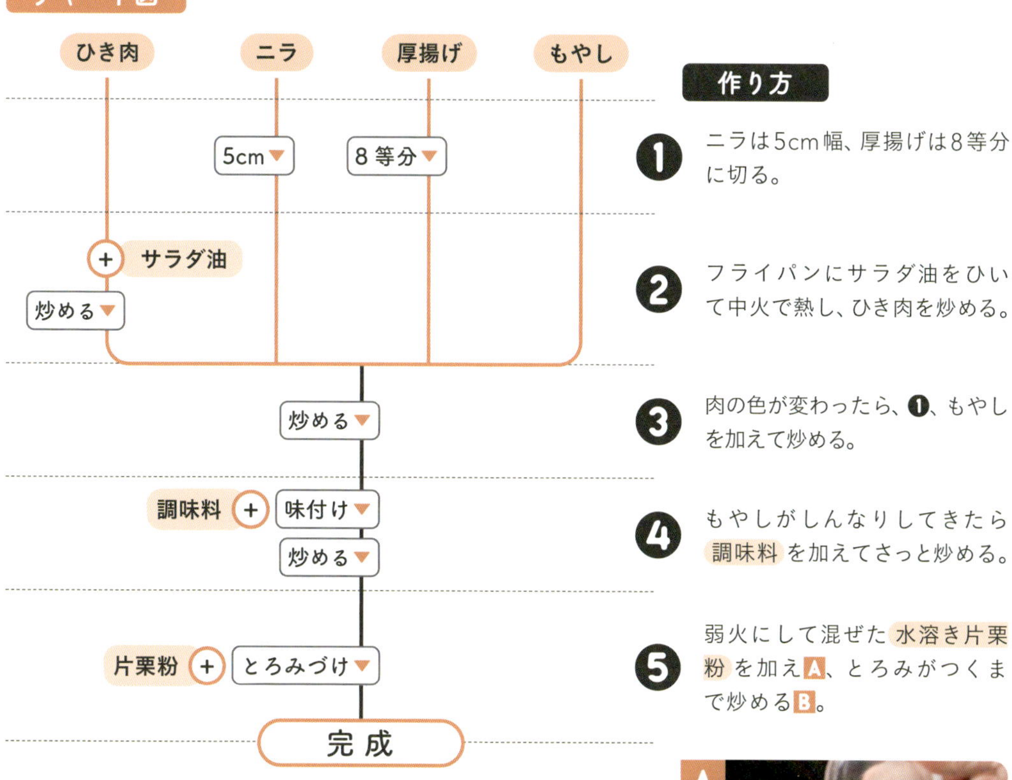

作り方

1. ニラは5cm幅、厚揚げは8等分に切る。
2. フライパンにサラダ油をひいて中火で熱し、ひき肉を炒める。
3. 肉の色が変わったら、❶、もやしを加えて炒める。
4. もやしがしんなりしてきたら調味料を加えてさっと炒める。
5. 弱火にして混ぜた水溶き片栗粉を加えA、とろみがつくまで炒めるB。

鶏肉と焼き長ねぎのスープ

1. フライパンを中火で熱し、一口大に切った鶏肉(100g)と3cmの長さに切った長ネギ(1/2本)を焼く。
2. 焼き色がついたら千切りにしたしょうが(1/4片)、水(400ml)、鶏ガラスープの素(小さじ1・1/2)、塩(ひとつまみ)、お好みでこしょうを加え、ふつふつとしたらフタをして弱火で2分加熱する。

(COLUMN — 3)

魚介のだしがきいたパエリア

トマト缶で作るパエリアは、昔友人に振る舞った際に大好評だったレシピです。スーパーで手軽に揃う材料だけで作れる上にフライパンひとつで簡単に調理できるのがポイントです。また、見た目も華やかでホームパーティーや特別な食事の際にもぴったりの一品です。ぜひお試しください。

材料｜2人前

あさり……100g
エビ……4尾
玉ねぎ……1/3個
にんじん……1/3本
ニンニク……1片
パプリカ（赤・黄）……各1/3個ずつ
鶏もも肉……1/3枚（約100g）
塩……少々
こしょう……適量
オリーブ油……小さじ1
お米……1合
カットトマト缶・1/2缶（200g）
水……150ml
顆粒コンソメ……小さじ2

作り方

1. 容器に塩水(分量外：水500mlに対して塩大さじ1)、あさりを入れてフタをして暗い場所で2～3時間ほど置く。2～3時間経ったらあさりを洗う。
2. 玉ねぎ、にんじん、ニンニクをみじん切りに、パプリカはくし切り、鶏肉は筋や脂を除き一口大に切って塩、こしょうを振っておく。エビは背わたを取っておく(P77参照)。
3. フライパンにオリーブ油をひいてニンニクを加え、いい香りがしてきたら鶏肉を加えて炒める。
4. 鶏肉に焼き色がついたら、玉ねぎ、にんじんを加えて軽く炒め、研いでいないお米を加え、お米が透き通るまで弱火で炒める。
5. カットトマト缶、水、コンソメを加えてなじませ、❶のあさり、エビ、パプリカを加える。ふつふつと沸騰してきたらフタをして15分弱火で加熱する。
6. 火を止めてフタをしたまま10分蒸らし、フタを取って1分ほど強火で加熱する。

Part 5

ステップアップ！一汁二菜レシピ

休日や早めに帰れた夕食時など、時間のあるときには
本格的な一汁二菜にチャレンジ。副菜は作り置きにもなりますよ。

豚バラ大根のコク旨炒め煮
かぼちゃの煮物

豚バラ肉のコクと旨みが大根に染み込み、
深い味わいが楽しめます。
野菜をたくさん食べられる
汁物も添えて。

豚バラ大根のコク旨炒め煮

材料｜2人前

大根 ………… 1/4本（約300g）
豚バラ肉（スライス）…… 200g
小ねぎ（小口切り）……… 適宜

調味料

しょうゆ ……………… 大さじ1
みりん ……………… 大さじ1
料理酒 ……………… 大さじ1
砂糖 ……………… 小さじ1/2
顆粒和風だしの素 … 小さじ1/2

かぼちゃの煮物

材料（冷蔵3-4日）

かぼちゃ ……………… 1/4個
水 ……………… 100ml
みりん ……………… 大さじ1
料理酒 ……………… 大さじ1
砂糖 ……………… 大さじ1
しょうゆ ……………… 大さじ1/2

▶大根が余ったら
P.154 大根とひき肉の煮物
P.155 大根とカリカリじゃこの和風サラダ

チゲ風味みそ汁

材料｜2～3人前

豆腐	100g
ニラ	1/4束（30g）
もやし	1/2袋（100g）
えのき	1/2株（50g）
キムチ	100g
水	400ml
顆粒和風だしの素	小さじ1・1/2
みそ	大さじ1・1/2
煎りごま	適量

豚バラ大根のコク旨炒め煮

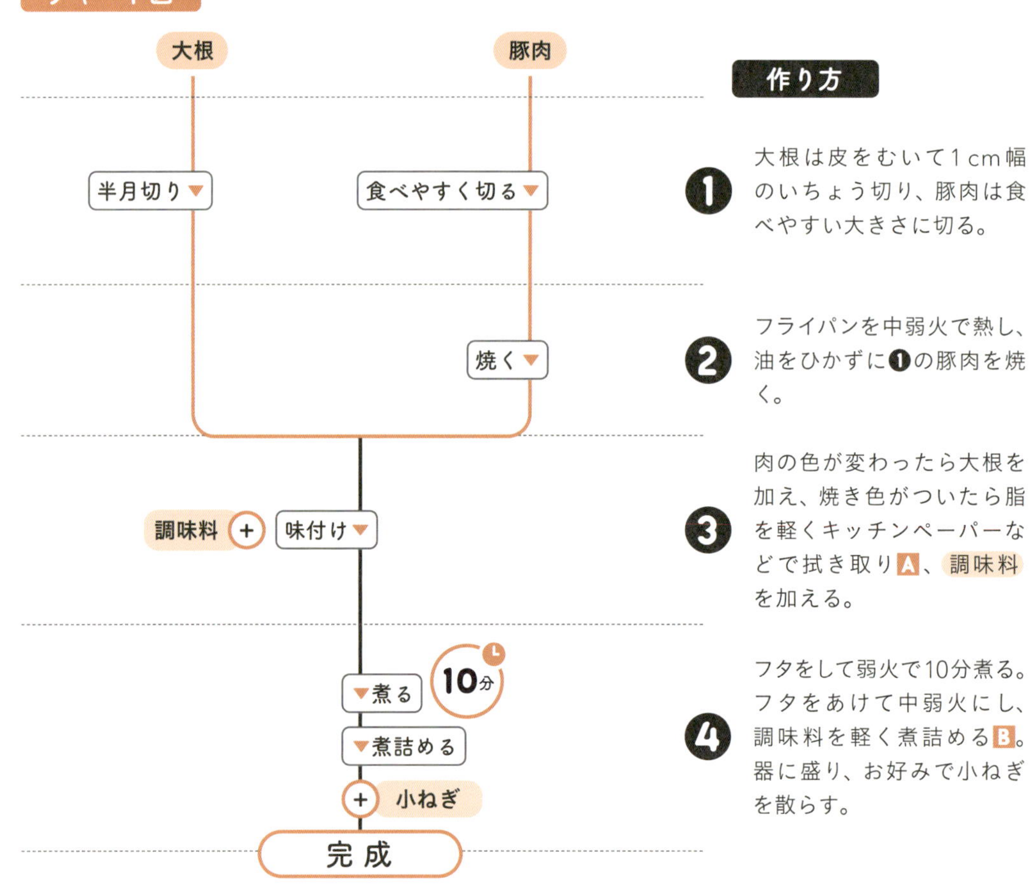

作り方

❶ 大根は皮をむいて1cm幅のいちょう切り、豚肉は食べやすい大きさに切る。

❷ フライパンを中弱火で熱し、油をひかずに❶の豚肉を焼く。

❸ 肉の色が変わったら大根を加え、焼き色がついたら脂を軽くキッチンペーパーなどで拭き取りA、調味料を加える。

❹ フタをして弱火で10分煮る。フタをあけて中弱火にし、調味料を軽く煮詰めるB。器に盛り、お好みで小ねぎを散らす。

A

B

かぼちゃの煮物

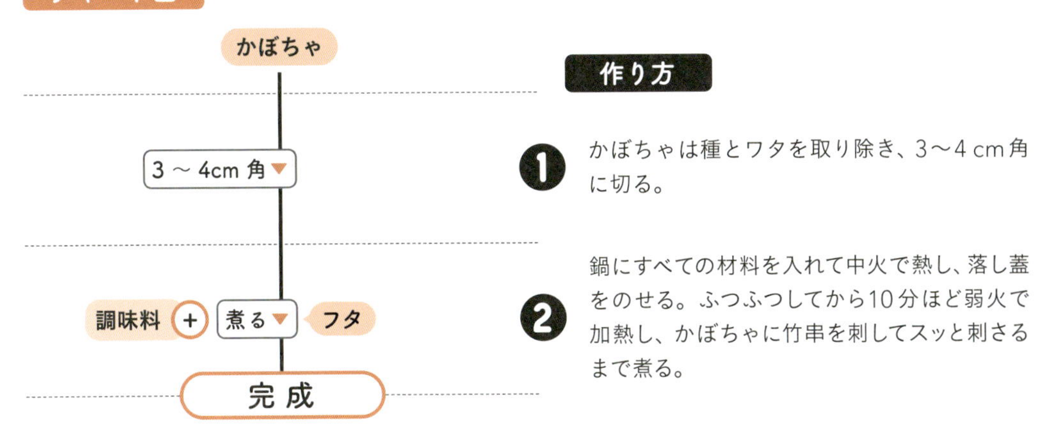

作り方

1. かぼちゃは種とワタを取り除き、3～4cm角に切る。
2. 鍋にすべての材料を入れて中火で熱し、落し蓋をのせる。ふつふつしてから10分ほど弱火で加熱し、かぼちゃに竹串を刺してスッと刺さるまで煮る。

チゲ風味みそ汁

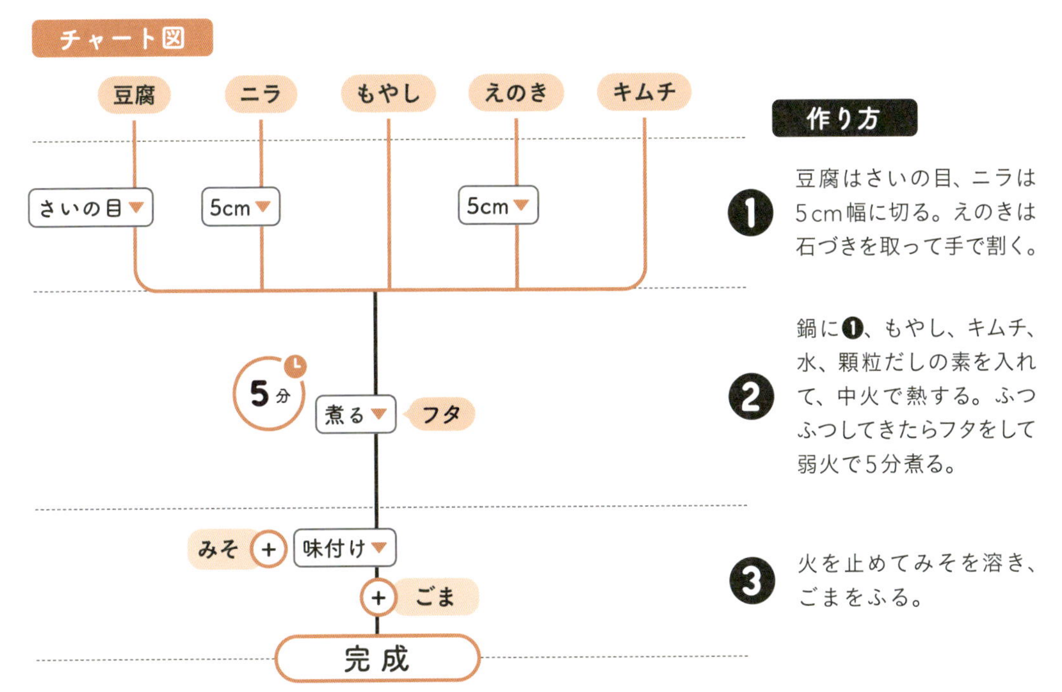

作り方

1. 豆腐はさいの目、ニラは5cm幅に切る。えのきは石づきを取って手で割く。
2. 鍋に❶、もやし、キムチ、水、顆粒だしの素を入れて、中火で熱する。ふつふつしてきたらフタをして弱火で5分煮る。
3. 火を止めてみそを溶き、ごまをふる。

豚こましょうが焼き マカロニサラダ

ボリューム満点なしょうが焼きは千切りしょうがを使うことで、風味が一層引き立ちます。マカロニサラダや千切りのキャベツを合わせればおいしいしょうが焼き定食のできあがり。

豚こましょうが焼き

材料｜2人前

玉ねぎ……………………1/2個
しょうが……1片（10～15g）
豚こま切れ肉……………200g
片栗粉……………………適量
サラダ油……………小さじ2

調味料

しょうゆ………大さじ1・1/2
みりん………………大さじ1
料理酒………………大さじ1
砂糖…………………小さじ1

a
キャベツ（千切り）…適宜
レモン……………………適宜

マカロニサラダ

材料（冷蔵2-3日）

玉ねぎ……………………1/4個
きゅうり…………………1/2本
塩……………………………少々
にんじん…………………1/3本
ハム…………………………3枚
マカロニ……………………50g
マヨネーズ…………大さじ2
こしょう…………………適量

小松菜と油揚げのみそ汁

材料｜2人前

小松菜………………………2株
油揚げ……………………1/2枚
水…………………………400ml
顆粒和風だしの素……小さじ1
みそ…………………大さじ1

豚こましょうが焼き

チャート図

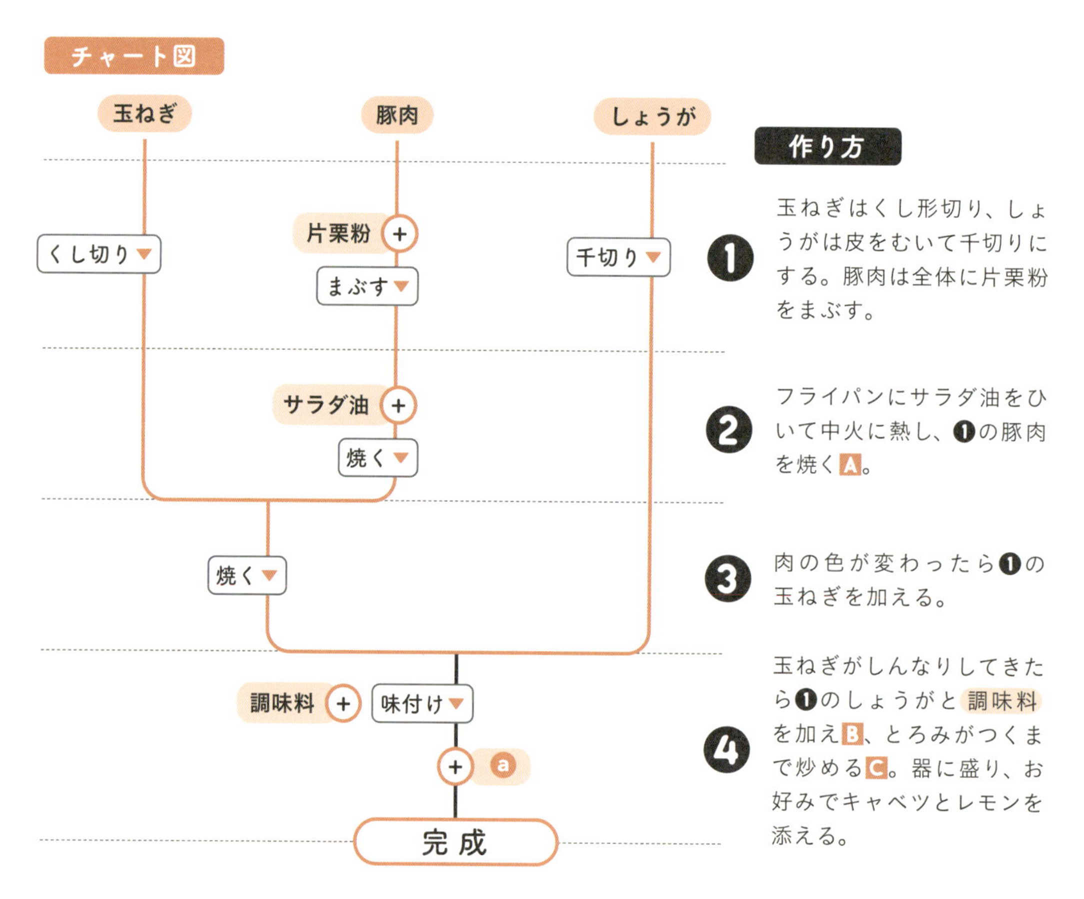

作り方

1. 玉ねぎはくし形切り、しょうがは皮をむいて千切りにする。豚肉は全体に片栗粉をまぶす。
2. フライパンにサラダ油をひいて中火に熱し、❶の豚肉を焼くA。
3. 肉の色が変わったら❶の玉ねぎを加える。
4. 玉ねぎがしんなりしてきたら❶のしょうがと調味料を加えB、とろみがつくまで炒めるC。器に盛り、お好みでキャベツとレモンを添える。

マカロニサラダ

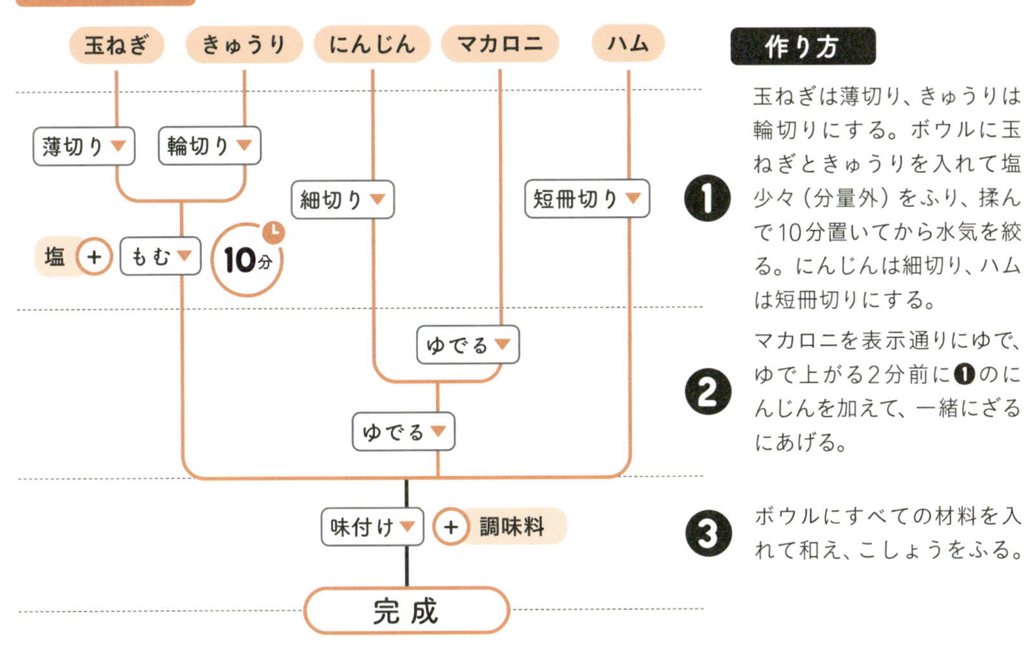

作り方

1. 玉ねぎは薄切り、きゅうりは輪切りにする。ボウルに玉ねぎときゅうりを入れて塩少々（分量外）をふり、揉んで10分置いてから水気を絞る。にんじんは細切り、ハムは短冊切りにする。
2. マカロニを表示通りにゆで、ゆで上がる2分前に❶のにんじんを加えて、一緒にざるにあげる。
3. ボウルにすべての材料を入れて和え、こしょうをふる。

小松菜と油揚げのみそ汁

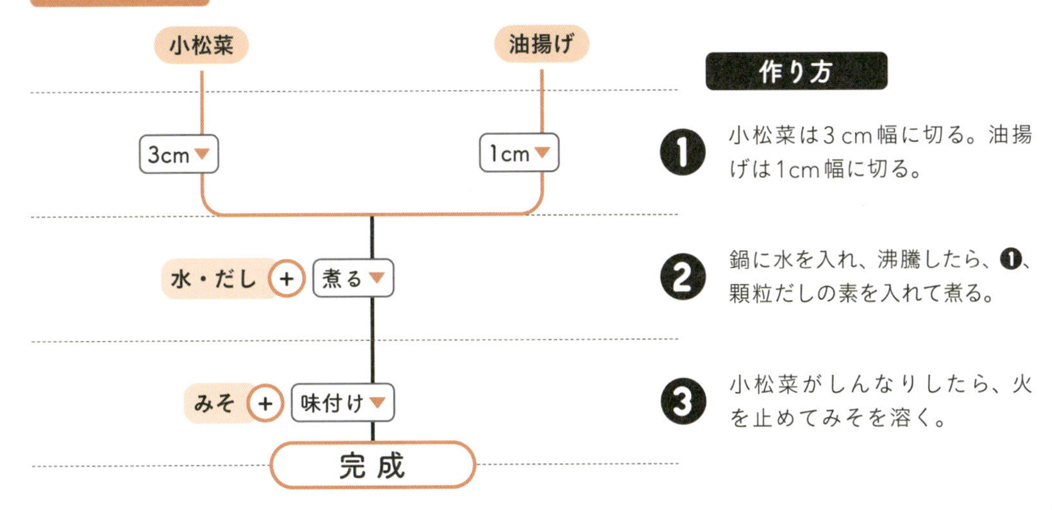

作り方

1. 小松菜は3cm幅に切る。油揚げは1cm幅に切る。
2. 鍋に水を入れ、沸騰したら、❶、顆粒だしの素を入れて煮る。
3. 小松菜がしんなりしたら、火を止めてみそを溶く。

レモンチキン 春雨中華サラダ

レモンの酸味と香りが、チキンにさわやかな風味をプラス。
さっぱりとした春雨サラダを合わせると、
バランスのよい献立のできあがり。

レモンチキン

材料｜2人前

鶏もも肉…………1枚（300g）
ごま油…………………小さじ2

調味料

鶏がらスープの素……小さじ1
レモン汁………………大さじ1
みりん…………………小さじ2
料理酒…………………小さじ2
しょうゆ………………小さじ1
こしょう…………………適量
a［レタス…………………適宜
　レモン（くし切り）……適宜

春雨中華サラダ

材料（冷蔵約3日）

春雨（乾燥）…………………50g
ハム……………………4～5枚
きゅうり……………………1本
卵……………………………1個
煎りごま………………小さじ2
サラダ油……………小さじ1/2

調味料

しょうゆ………………小さじ4
酢………………………小さじ2
鶏がらスープの素……小さじ2
ごま油…………………小さじ2
砂糖……………………小さじ1

カレーポテトスープ

材料｜1人前

じゃがいも（中）…………1個
玉ねぎ…………………1/4個
ベーコン……………………2枚
水………………………300ml

調味料

コンソメ………小さじ1・1/2
カレー粉……………小さじ1/4
塩……………………………少々
こしょう……………………適量
パセリ（きざむ）…………適宜

レモンチキン

チャート図

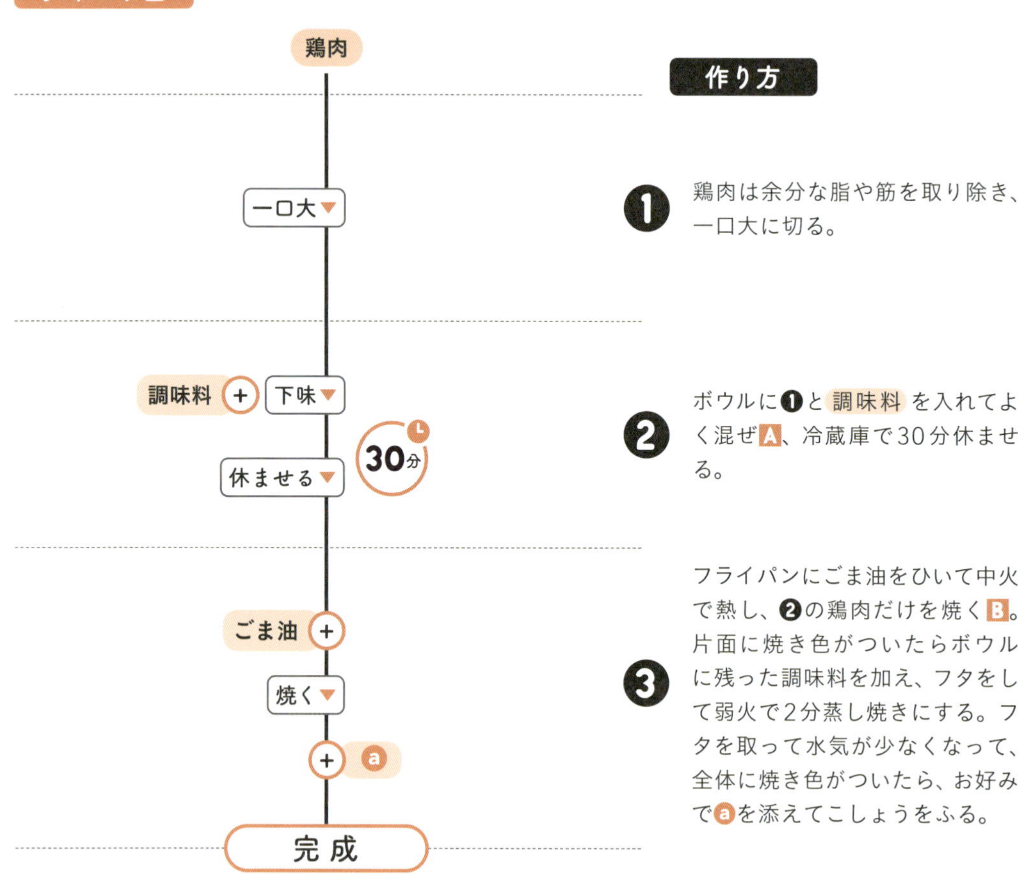

作り方

❶ 鶏肉は余分な脂や筋を取り除き、一口大に切る。

❷ ボウルに❶と調味料を入れてよく混ぜA、冷蔵庫で30分休ませる。

❸ フライパンにごま油をひいて中火で熱し、❷の鶏肉だけを焼くB。片面に焼き色がついたらボウルに残った調味料を加え、フタをして弱火で2分蒸し焼きにする。フタを取って水気が少なくなって、全体に焼き色がついたら、お好みでⓐを添えてこしょうをふる。

A

B

C

春雨中華サラダ

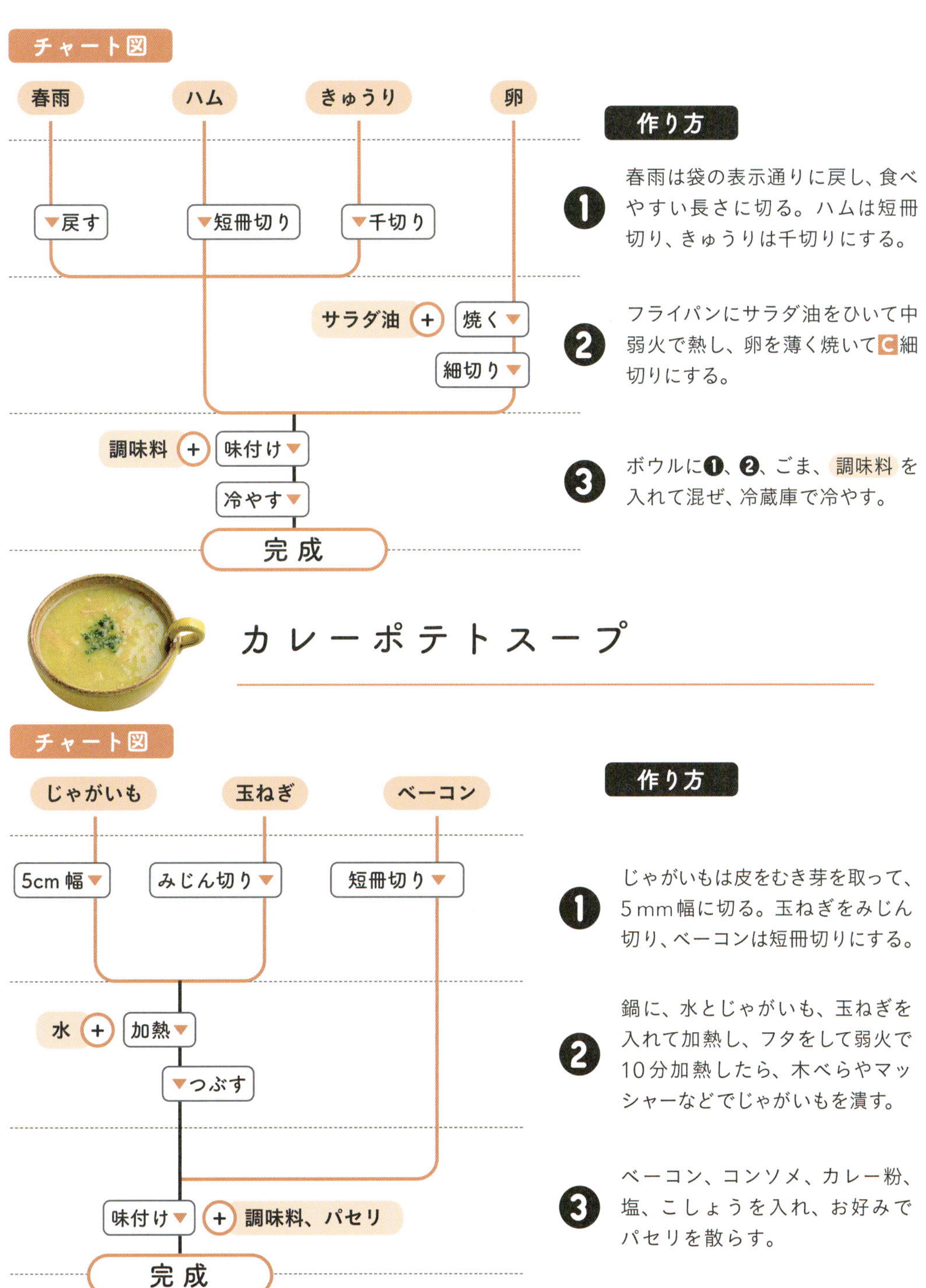

作り方

1. 春雨は袋の表示通りに戻し、食べやすい長さに切る。ハムは短冊切り、きゅうりは千切りにする。
2. フライパンにサラダ油をひいて中弱火で熱し、卵を薄く焼いてC細切りにする。
3. ボウルに❶、❷、ごま、調味料を入れて混ぜ、冷蔵庫で冷やす。

カレーポテトスープ

作り方

1. じゃがいもは皮をむき芽を取って、5mm幅に切る。玉ねぎをみじん切り、ベーコンは短冊切りにする。
2. 鍋に、水とじゃがいも、玉ねぎを入れて加熱し、フタをして弱火で10分加熱したら、木べらやマッシャーなどでじゃがいもを潰す。
3. ベーコン、コンソメ、カレー粉、塩、こしょうを入れ、お好みでパセリを散らす。

手羽元の甘酢煮
れんこんとベーコンのガリバタ炒め

ゆっくり煮込むことでほろほろやわらかく仕上がります。
煮ている間に副菜やスープを準備すると効率アップ。

手羽元の甘酢煮

材料｜2人前

手羽元……8本
ゆで卵……2個
煎りごま……適量

調味料

しょうゆ……大さじ2
酢……大さじ1・1/2
みりん……大さじ1
料理酒……大さじ2
砂糖……小さじ2
水……70ml

れんこんとベーコンのガリバタ炒め

材料（冷蔵約3日）

れんこん……200g
ベーコン（スライス）……4枚
ニンニク……1片
バター……10g
しょうゆ……小さじ1
塩……少々
こしょう……適量
パセリ（きざむ）……適宜

かきたま汁

材料｜2人前

長ねぎ……1/2本
卵……1個
こしょう……適量

スープ

水……400ml
鶏がらスープの素……小さじ1・1/2
しょうゆ……小さじ1

水溶き片栗粉

片栗粉……小さじ1
水……小さじ2

手羽元の甘酢煮

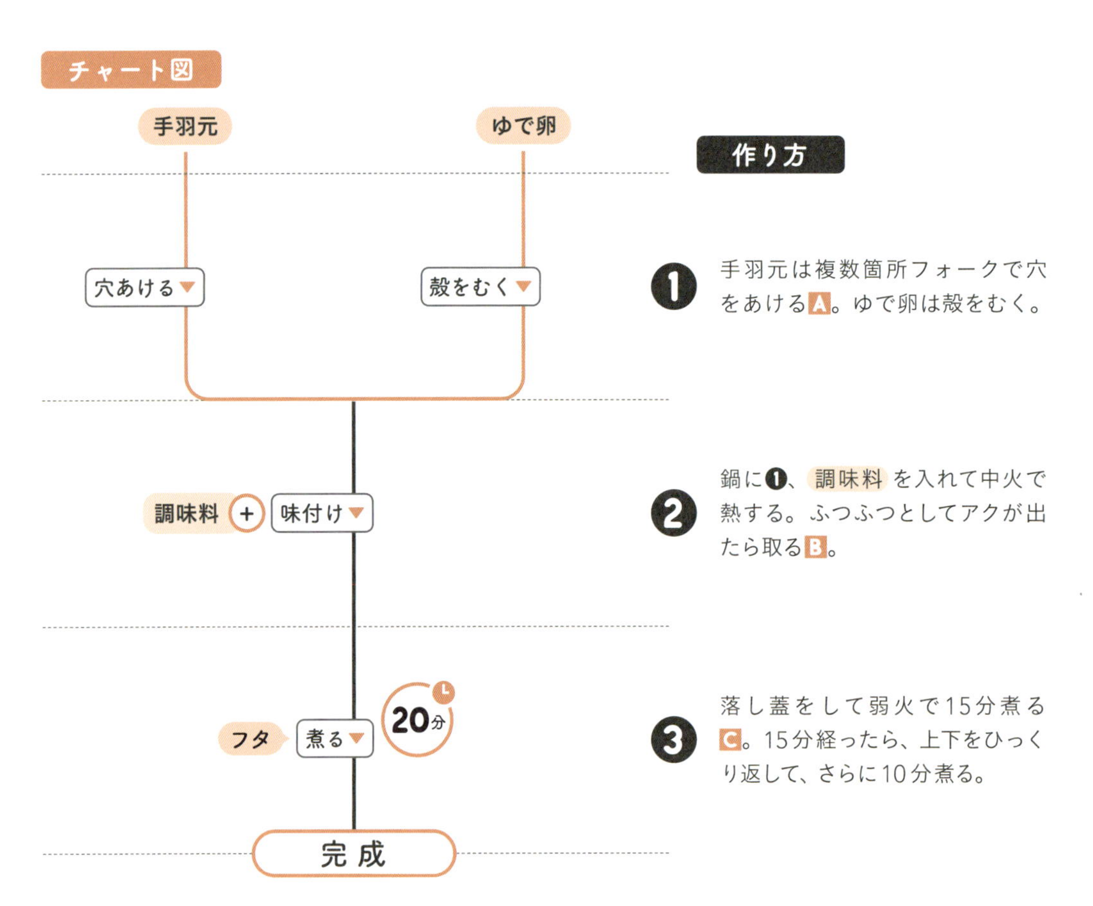

作り方

❶ 手羽元は複数箇所フォークで穴をあける**A**。ゆで卵は殻をむく。

❷ 鍋に❶、調味料を入れて中火で熱する。ふつふつとしてアクが出たら取る**B**。

❸ 落し蓋をして弱火で15分煮る**C**。15分経ったら、上下をひっくり返して、さらに10分煮る。

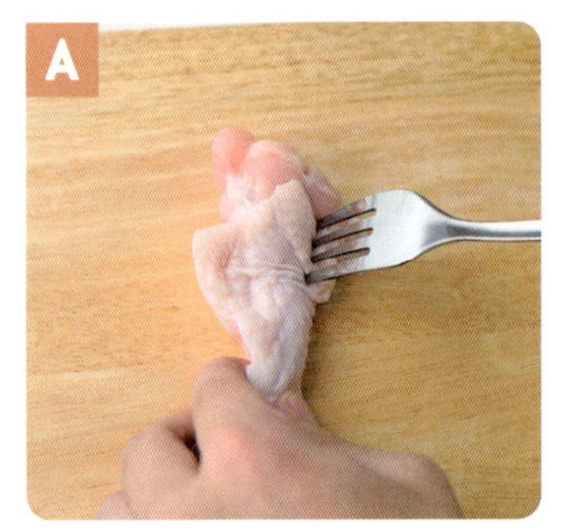
A

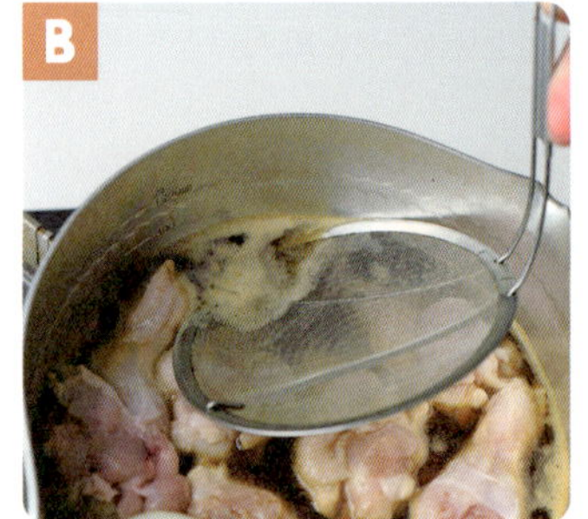
B

C

れんこんとベーコンのガリバタ炒め

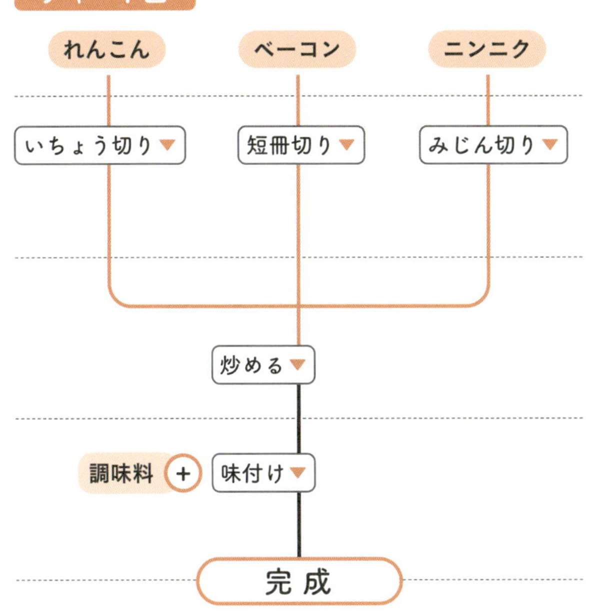

作り方

1. れんこんの皮をむき、いちょう切りにする。ベーコンは短冊切りにする。ニンニクをみじん切りにする。
2. フライパンにバターをひいて、❶のニンニクを炒め、いい香りがしてきたら、れんこん、ベーコンを炒める。
3. 全体に焼き目がついたら、しょうゆ、塩、こしょうを加えて炒める。

かきたま汁

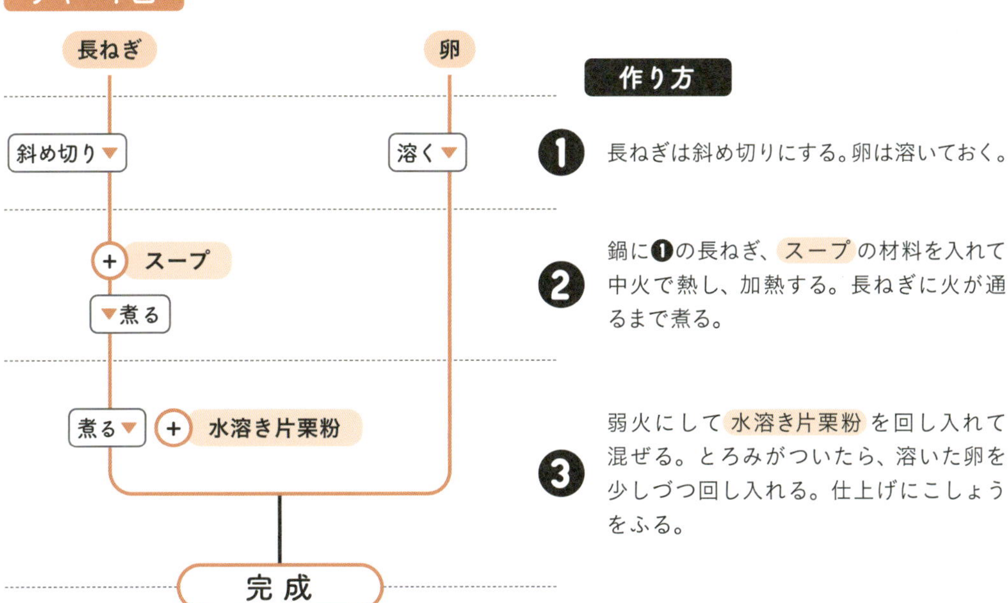

作り方

1. 長ねぎは斜め切りにする。卵は溶いておく。
2. 鍋に❶の長ねぎ、スープの材料を入れて中火で熱し、加熱する。長ねぎに火が通るまで煮る。
3. 弱火にして水溶き片栗粉を回し入れて混ぜる。とろみがついたら、溶いた卵を少しづつ回し入れる。仕上げにこしょうをふる。

焼き鳥丼
しらすと枝豆の白和え
ひじきの煮物

鶏肉、ねぎを焼き目がつくまで
しっかり焼いて香ばしく。
栄養満点の副菜と一緒にどうぞ。

焼き鳥丼

材料｜2人前

長ねぎ……1本
鶏もも肉……1枚（300g）
料理酒……大さじ1
小麦粉……大さじ1
サラダ油……小さじ1
温かいごはん……2人前
温泉卵（2個）……適宜
長ねぎ（白髪ねぎ）……適宜

調味料

しょうゆ……大さじ1・1/2
みりん……大さじ1・1/2
料理酒……大さじ1
砂糖……小さじ1

しらすと枝豆の白和え

材料（冷蔵2-3日）

木綿豆腐……200g
にんじん……1/3本
しらす……30g
むき枝豆……50g
（枝付きの枝豆の場合は約120g）

調味料

すりごま……大さじ1
しょうゆ……小さじ1・1/2
砂糖……小さじ1/2
顆粒和風だしの素……小さじ1/3

ひじきの煮物

材料（冷蔵3-4日）

ひじき（乾燥）……20g
にんじん……1/2本
油揚げ……1枚
サラダ油……小さじ1

調味料

しょうゆ……大さじ1
顆粒和風だしの素……小さじ1・1/2
みりん……大さじ1・1/2
料理酒……大さじ2
砂糖……大さじ1/2
水……150ml

焼き鳥丼

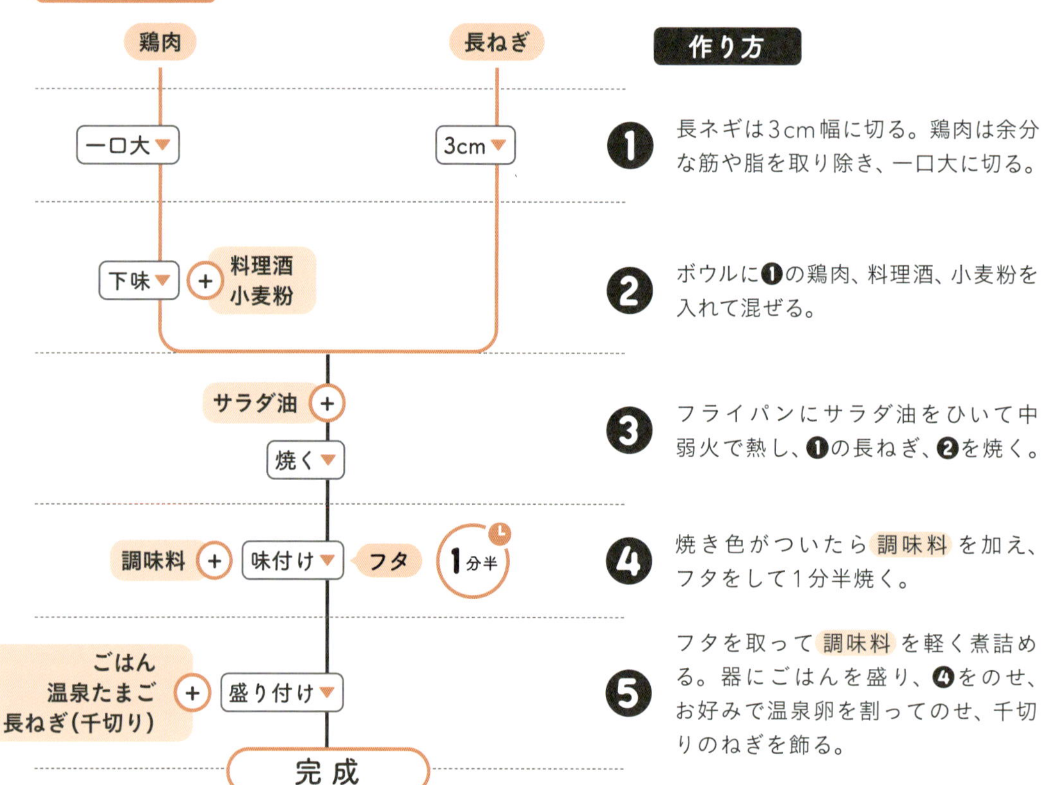

作り方

❶ 長ネギは3cm幅に切る。鶏肉は余分な筋や脂を取り除き、一口大に切る。

❷ ボウルに❶の鶏肉、料理酒、小麦粉を入れて混ぜる。

❸ フライパンにサラダ油をひいて中弱火で熱し、❶の長ねぎ、❷を焼く。

❹ 焼き色がついたら調味料を加え、フタをして1分半焼く。

❺ フタを取って調味料を軽く煮詰める。器にごはんを盛り、❹をのせ、お好みで温泉卵を割ってのせ、千切りのねぎを飾る。

なめことオクラと豆腐のみそ汁

❶ オクラ（4本）を塩をふって前後にコロコロと転がしうぶ毛を取るA。洗って水気を切ってから斜めに切る。なめこ（1袋）は洗って水気を切り、豆腐はさいの目に切る。

❷ 鍋に水（400 ml）、顆粒和風だしの素（小さじ1）を入れて中火にかけ、煮立ったら❶を加えて2分ほど煮る。火を止めてみそ（大さじ1）を溶く。

しらすと枝豆の白和え

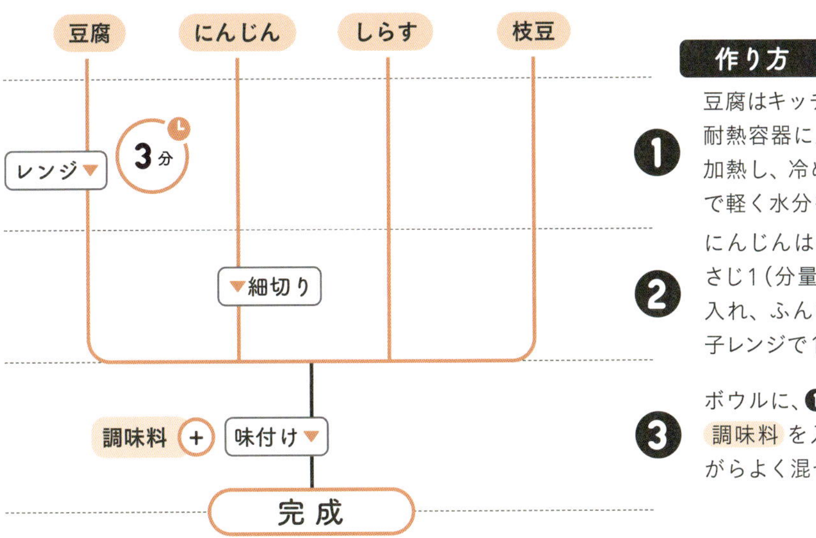

作り方

1. 豆腐はキッチンペーパーで包む。耐熱容器に入れてレンジで3分加熱し、冷めたら包んだまま手で軽く水分を絞るB。
2. にんじんは細切りにして、水小さじ1（分量外）と、耐熱容器に入れ、ふんわりラップをして電子レンジで1分加熱する。
3. ボウルに、❶、❷、枝豆、しらす、調味料を入れ、豆腐を崩しながらよく混ぜる。

ひじきの煮物

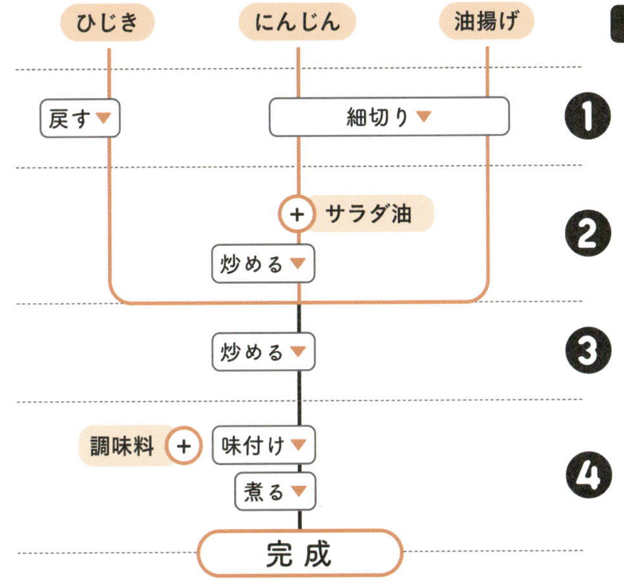

作り方

1. ひじきを袋の表示通りに戻すC。にんじんは細切り、油揚げはざるにのせて両面熱湯をかけ、冷めたら細切りにする。
2. フライパンにサラダ油をひいて中火で熱し、❶のにんじんを炒める。
3. にんじんがしんなりしてきたら、❶のひじきと油揚げを加え、炒める。
4. 1分ほど炒めたら調味料を加えて中弱火にし、鍋底に煮汁が少し残るくらいまで煮る。

ブリの照り焼き だし巻き卵

簡単なひと手間でよりおいしく仕上がるブリ。
栄養たっぷり、ほっと優しい和食献立の完成です。

ブリの照り焼き

材料｜2人前

ブリ……2切れ
塩……適量
しょうが……1/2片
サラダ油……小さじ1
小麦粉……適量
a［長ねぎ（焼く）……適宜
　ししとう……適宜

調味料

しょうゆ……大さじ1 1/2
みりん……大さじ1
料理酒……大さじ2
砂糖……大さじ1/2

だし巻き卵

材料｜2人前

卵……3つ
サラダ油……適量

調味料

顆粒和風だしの素
……小さじ1/2
料理酒……小さじ1
しょうゆ……小さじ1/2
水……60ml（大さじ4）

豚汁

材料｜約4人前

大根（いちょう切り）
……1/4本（約300g）
にんじん（いちょう切り）
……1/2本
こんにゃく……100g
ごぼう……1/2本
豚バラ肉（スライス）……120g
ごま油……小さじ1
水……600ml
みそ……大さじ2
顆粒和風だしの素……小さじ2

ブリの照り焼き

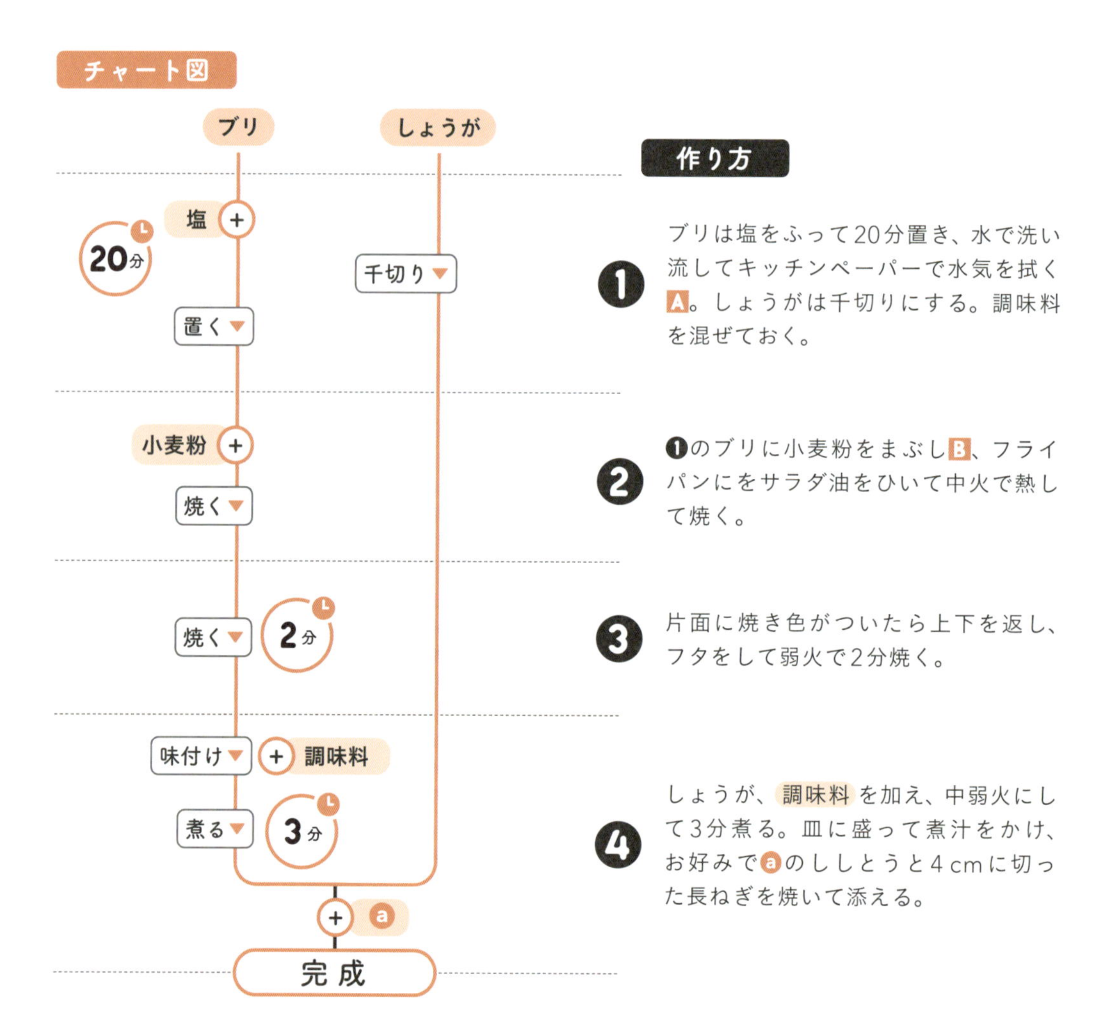

作り方

❶ ブリは塩をふって20分置き、水で洗い流してキッチンペーパーで水気を拭くA。しょうがは千切りにする。調味料を混ぜておく。

❷ ❶のブリに小麦粉をまぶしB、フライパンにをサラダ油をひいて中火で熱して焼く。

❸ 片面に焼き色がついたら上下を返し、フタをして弱火で2分焼く。

❹ しょうが、調味料を加え、中弱火にして3分煮る。皿に盛って煮汁をかけ、お好みでaのししとうと4cmに切った長ねぎを焼いて添える。

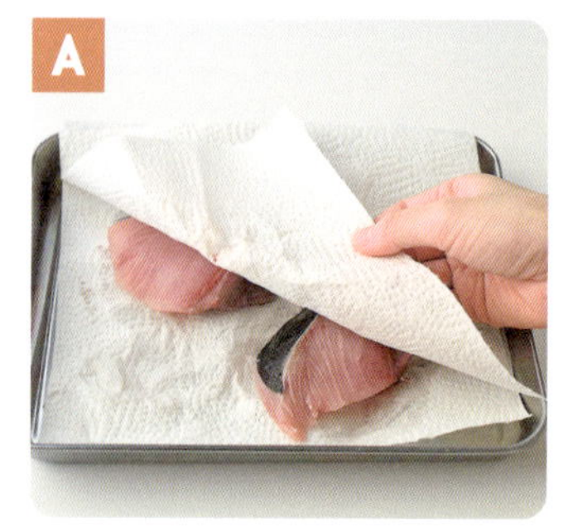
A

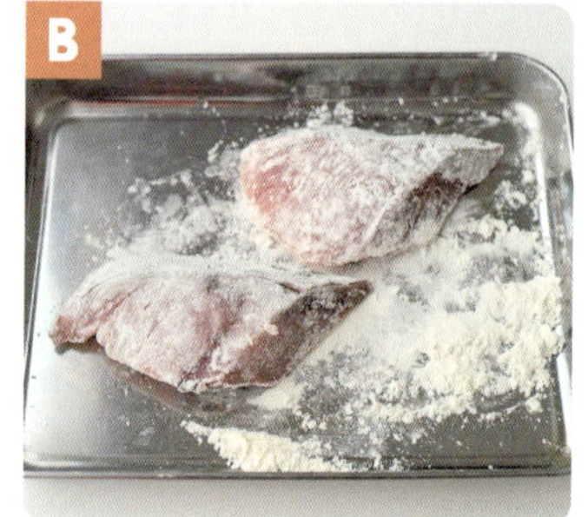
B

C

だし巻き卵

チャート図

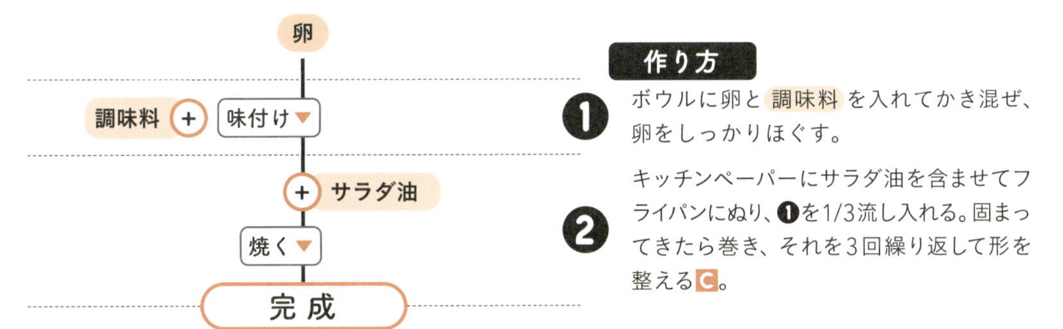

作り方

❶ ボウルに卵と 調味料 を入れてかき混ぜ、卵をしっかりほぐす。

❷ キッチンペーパーにサラダ油を含ませてフライパンにぬり、❶を1/3流し入れる。固まってきたら巻き、それを3回繰り返して形を整えるC。

豚汁

チャート図

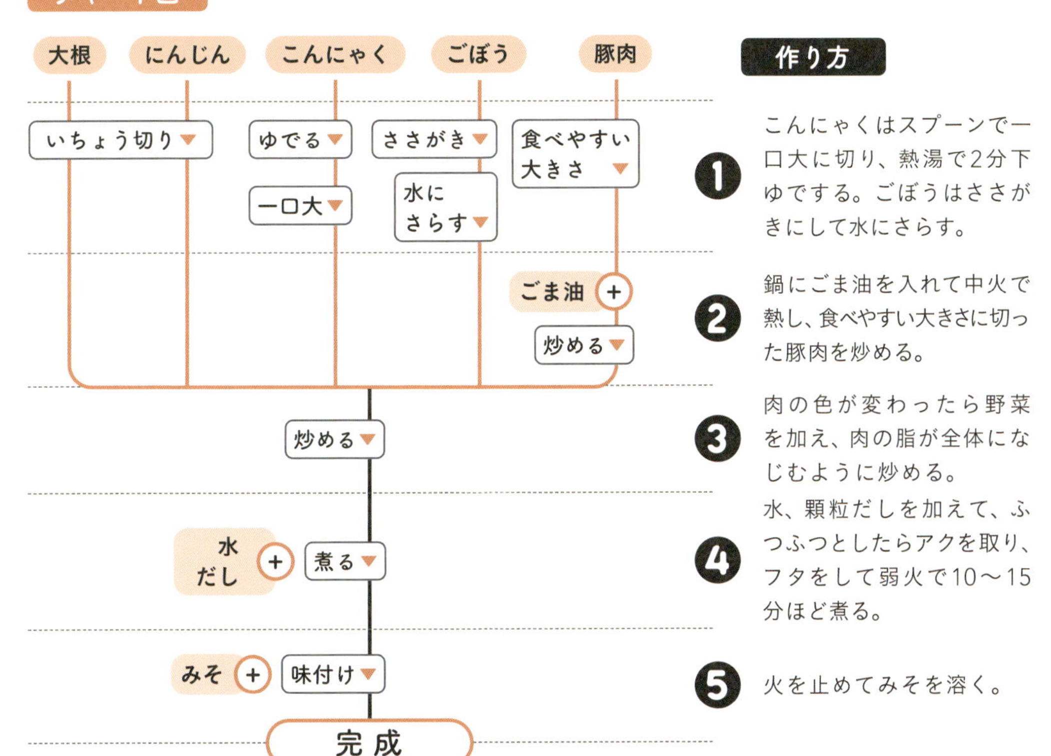

作り方

❶ こんにゃくはスプーンで一口大に切り、熱湯で2分下ゆでする。ごぼうはささがきにして水にさらす。

❷ 鍋にごま油を入れて中火で熱し、食べやすい大きさに切った豚肉を炒める。

❸ 肉の色が変わったら野菜を加え、肉の脂が全体になじむように炒める。

❹ 水、顆粒だしを加えて、ふつふつとしたらアクを取り、フタをして弱火で10～15分ほど煮る。

❺ 火を止めてみそを溶く。

(COLUMN - 4)

自由に楽しむ大人様ランチ

子どもの頃、大好きな食べ物が並んだお子様ランチにワクワクした記憶はありませんか？ 大人になった今でも、あの楽しさをもう一度味わいたいという思いが残っているのは、私だけではないでしょう。そんな願いを叶えるために作ったのが、この「大人のお子様ランチ」です。大好きな食べ物をふんだんに盛り込んだプレート。大人のお子様ランチは、見た目の楽しさやバリエーションの豊富さが魅力です。休日には、おうちで大好きな食べ物を詰め込んだプレートをぜひ楽しんでみてください！

オムライスのごはんにぜひ！ 炊飯器で作るチキンピラフ

材料｜1人前

- 鶏もも肉……200g
- 玉ねぎ……1/4個
- マッシュルーム……3個
- お米……2合
- 水……350ml
- ミックスベジタブル……100g
- 顆粒コンソメ……大さじ1
- 塩……ひとつまみ
- こしょう……適量
- バター……20g

作り方

1. 鶏肉は余分な筋と脂を取り除き、一口大に切る。玉ねぎをみじん切りに、マッシュルームは薄切りにする。
2. お米を研ぎ、材料に合わせて炊飯釜にお米、水350mlを入れて、顆粒コンソメ、塩、こしょうを加えて混ぜる。
3. ミックスベジタブルと❶を加えて通常炊きで炊飯する。炊けたら、バターを加えて混ぜる。

Part 6

絶対役立つ
副菜・作り置きレシピ

ここでは野菜別で副菜・作り置きおかずのレシピを紹介します。
何日か分を作っておくことで、忙しい朝やお弁当、晩ごはんに
手軽に一品プラスすることができます。野菜が余ったら試してみて。

野菜の旬カレンダー

多くの野菜はハウス栽培で通年出回っていますが、旬の野菜はおいしいし安い！
この章では、旬の時期にとくに手に入りやすい野菜を紹介します。

	1月	2月	3月	4月
 アスパラガス				■
 いんげん				
 えだまめ				
えのき				
 エリンギ				
 オクラ				
 かぼちゃ				
 キャベツ	■	■	■	■
 きゅうり				
 さつまいも				
 しいたけ			■	■
 しめじ				
 じゃがいも				
 セロリ	■	■	■	■
 だいこん	■	■		
 たまねぎ			■	■
 とうもろこし				
 トマト				■
 長ねぎ	■	■		
 なす				
 にら			■	■
 にんじん				
 はくさい	■	■		
 ピーマン				
 ブロッコリー	■	■	■	
 ほうれん草	■	■		
 小松菜	■	■		
 まいたけ				
 マッシュルーム				

5月
6月
7月
8月
9月
10月
11月
12月

キャベツ

塩ダレキャベツ

材料（冷蔵2~3日／冷凍なし）

キャベツ……1/4個（約300g）
煎りごま……大さじ1

調味料

塩……小さじ1/4
鶏がらスープの素……小さじ1
ニンニク（すりおろし）……小さじ1/3
ごま油……大さじ1
レモン汁……小さじ1

作り方

❶キャベツをざく切りにする。
❷保存袋にキャベツ、ごま、調味料を入れ、揉んで和える。

カニカマコールスロー

材料（冷蔵2~3日／冷凍なし）

キャベツ……1/4個（約300g）
塩……ひとつまみ
カニ風味かまぼこ……10本
コーン……100g
こしょう……適量

調味料

マヨネーズ……大さじ5
酢……小さじ2
砂糖……小さじ1/2
塩……ひとつまみ

作り方

❶キャベツは千切りにし、ボウルにキャベツ、塩を入れて10分置き、水分を絞る。
❷カニ風味かまぼこは手で割く。
❸ボウルに❶、❷、コーン、調味料を入れて和え、こしょうをふる。

冷蔵庫に余りがちなキャベツは、
レパートリーを増やして上手く使いこなしましょう。

キャベツとウインナーのカレー炒め

材 料（冷蔵3日／冷凍約2週間）

キャベツ……………………1/4個（約300g）
ウインナー………………………………4〜5本
サラダ油………………………………小さじ2

調味料

カレー粉………………………………小さじ1
しょうゆ……………………小さじ1・1/2
みりん…………………………………小さじ1

作り方

❶キャベツは1cm幅、ウインナーは斜めに切る。
❷フライパンにサラダ油をひいて中火で熱し、❶を炒める。
❸キャベツがしんなりしてきたら、調味料を加え、水分が飛ぶまで炒める。

キャベツの明太子炒め

材 料（冷蔵3日／冷凍約2週間）

キャベツ……………………1/4個（約300g）
ニンニク………………………………1/2片
明太子……………………………………50g
オリーブ油……………………………大さじ1
白だし…………………………………小さじ2

作り方

❶キャベツは1cm幅、ニンニクはみじん切りにする。明太子は皮を取り除き、ほぐす。
❷フライパンにオリーブ油をひいて中火で熱し、❶のニンニクを炒める。香りが立ってきたら、❶のキャベツを加えて炒める。
❸キャベツがしんなりしてきたら、❶の明太子、白だしを加えてさっと炒める。

もやし

もやしのおかか和え

材料（冷蔵2日／冷凍なし）

もやし……………………1袋（約200g）
かつお節……………………………4g
鶏がらスープの素……………小さじ1
黒こしょう……………………………適量
すりごま…………………………小さじ2

作り方

❶もやしを耐熱容器に入れ、ふんわりとラップをして、レンジで2分加熱する。もやしがさわれるくらい冷めたら、水分を絞る。
❷ボウルに❶、すべての材料を入れて混ぜる。

もやしとひき肉のごまみそ炒め

材料（冷蔵2日／冷凍なし）

もやし……………………1袋（約200g）
豚ひき肉……………………………150g
サラダ油…………………………小さじ1

調味料

すりごま…………………………小さじ2
みそ………………………………小さじ2
みりん……………………………小さじ1
料理酒……………………………小さじ1
しょうゆ………………………小さじ1/2

作り方

❶フライパンにサラダ油をひいて中火で熱し、ひき肉を炒める。
❷肉の色が変わったら、もやしを入れてさっと炒め、調味料を加えて炒める。

安価なもやしは一人暮らしの強い味方。
傷みやすいので水に浸して冷蔵庫で保存してください。

もやしとささみの旨辛ナムル

材 料（冷蔵2日／冷凍なし）

もやし………………1袋（200g）
ささみ……………………………2本
料理酒…………………… 大さじ1
煎りごま ……………… 小さじ2

調味料

ニンニク（すりおろし）………小さじ1/4
ごま油…………………………………大さじ1
鶏がらスープの素 …………………小さじ1
一味とうがらし…………………小さじ1/4
塩 …………………………………………………少々

作り方

❶もやしを耐熱容器に入れ、ふんわりラップをしてレンジで2分加熱し、冷めたら水分を絞る。
❷ささみの筋を取り、フォークで複数箇所穴をあける。ささみと料理酒を耐熱容器に入れふんわりとラップをしてレンジで2分30秒加熱する。ラップをしたままさわれるくらい冷めたら身をほぐす。
❸ボウルにもやし、ささみ、調味料を入れて和える。

もやしとわかめのうめポン酢和え

材 料（冷蔵2日／冷凍なし）

もやし…………………………1袋（約200g）
乾燥わかめ …………………………大さじ2
梅干し…………………………………………1個
ポン酢…………………………大さじ1・1/2
しょうが（すりおろし）………小さじ1/2

作り方

❶もやしを耐熱容器に入れ、ふんわりとラップをしてレンジで2分加熱する。もやしがさわれるくらい冷めたら、水分を絞る。
❷乾燥わかめをたっぷりの水で戻す。戻ったら、水分を絞る。梅干しは種を取って、包丁でたたく。
❸ボウルに、❶、❷、ポン酢、おろししょうがを入れて和える。

トマト

トマトのわさびじょうゆ和え

材 料（冷蔵2-3日／冷凍なし）

トマト……………………2個（360～400g）
玉ねぎ……………………………………1/2個

調味料

わさびチューブ…………………小さじ1/2
しょうゆ……………………………大さじ1
ニンニク（すりおろし）………小さじ1/2

作り方

❶トマトを2cmの角切りにする。
❷玉ねぎをみじん切りにして、水に10分さらしてしっかり水分を絞る。
❸ボウルに、❶と❷、調味料を入れて和える。

万能トマトソース

材 料（冷蔵3-4日／冷凍約1か月）

トマト………………………………3個
玉ねぎ……………………………1/2個
ローリエ……………………………1枚
バジル………………………………8枚
ニンニク……………………………1片
オリーブ油………大さじ1・1/2

調味料

砂糖…………………………………小さじ1/2
料理酒………………………………大さじ2
塩……………………………………小さじ1/2
ブラックペッパー………………………適量

作り方

❶トマトは2cmの角切りに、玉ねぎ、バジル、ニンニクはみじん切りにする。
❷フライパンにオリーブ油をひいて、ニンニクを炒める。
❸いい香りがしてきたら玉ねぎを加え、透き通ったら、トマト、調味料、ローリエ、バジルを加え、フタをして弱火で10分煮る。
❹蓋を取って、水分が飛んでもったりするまで煮る。

生のまま食べるのはもちろん、加熱しても◎。
和風、洋風どのような味付けでもおいしくいただけます。

ミニトマトのレモンマリネ

材料（冷蔵2-3日／冷凍なし）

ミニトマト……15個

調味料

オリーブ油……大さじ1
レモン汁……大さじ1
ニンニク（すりおろし）……小さじ1/4
塩……ひとつまみ
こしょう……適量

作り方

❶ミニトマトのヘタを取り、半分に切る。
❷ボウルに、❶と調味料を入れて和える。

ミニトマトのだし煮

材料（冷蔵2-3日／冷凍なし）

ミニトマト……15個
水……200cc

調味料

顆粒和風だしの素……小さじ1/2
しょうゆ……小さじ1・1/2
みりん……小さじ1
塩……少々

作り方

❶ミニトマトを湯むきする。（ヘタの反対側につまようじなどで穴を一カ所あける→お湯に10秒ほど入れる→冷水に入れ、皮をむく）
❷鍋に水、調味料を入れ沸騰したら、湯むきしたトマトを加え弱火で1分加熱する。

きゅうり

きゅうりとカニカマのピリ辛和え

材料（冷蔵2-3日／冷凍なし）

きゅうり……………………2本（約200g）
塩……………………………………………少々
カニ風味かまぼこ……………………10本
もやし……………………………………1袋
煎りごま…………………………小さじ2

調味料

しょうゆ…………………………小さじ4
ごま油……………………………大さじ1
白だし……………………………小さじ2
酢…………………………………小さじ2
鶏がらスープの素………………小さじ1
砂糖………………………………小さじ1
一味とうがらし………………小さじ1/3

作り方

❶きゅうりを千切りにして塩をふり、5分置いて水分を絞る。
❷カニかまを手で割く。もやしを耐熱容器に入れ、ふんわりとラップをしてレンジでもやしを2分加熱し、冷めたら水分を絞る。
❸ボウルに❶、❷、ごま、調味料を入れて和える。

旨辛たたききゅうり

材料（冷蔵2-3日／冷凍なし）

きゅうり……………………2本（約200g）

調味料

コチュジャン……………………小さじ2
ニンニク（すりおろし）………小さじ1/3
しょうゆ…………………………大さじ1
ごま油……………………………小さじ2
砂糖………………………………小さじ1
煎りごま…………………………小さじ2
豆板醤……………………………小さじ1/3

作り方

❶きゅうりを包丁などで押し潰し、好みの大きさに切る。
❷保存袋に❶、調味料を入れ、味がなじむまで冷蔵庫で30分置く。

シャキシャキ食感で
さっぱりとした味付けによくあいます。

きゅうりとたこの酢の物

材料（冷蔵2-3日／冷凍なし）

きゅうり……………………2本（約200g）
たこ……………………………………100g
しょうが……………………………………1片

調味料

しょうゆ……………………大さじ1・1/2
酢……………………………………大さじ3
砂糖…………………………………小さじ2

作り方

❶たこを食べやすい大きさに切る。きゅうりは輪切りにする。しょうがは千切りにする。
❷❶、調味料を和え、冷蔵庫で30分休ませる。

きゅうりとささみのごま和え

材料（冷蔵2-3日／冷凍なし）

きゅうり………2本（約200g）
塩………………………………少々
ささみ…………………………2本
料理酒………………大さじ1/2
すりごま………………大さじ2

調味料

白だし…………………………………大さじ1
しょうゆ……………………………小さじ1/2
砂糖…………………………………小さじ1/2
しょうが（すりおろし）………小さじ1/2

作り方

❶ななめ切りにしたきゅうりに塩をふり、水分を絞る。
❷ささみの筋を取り、フォークで複数箇所穴をあけ、ささみと料理酒を耐熱容器に入れふんわりとラップをしてレンジで2分30秒加熱する。ラップをしたままさわれるくらい冷めたら身をほぐす。
❸ボウルに❶、❷、調味料、すりごまを入れて和える。

なす

なすの揚げ浸し

材料（冷蔵3-4日／冷凍約2週間）

なす……3本（約300g）
サラダ油……適量

調味料

水……100ml
顆粒和風だしの素……小さじ1
しょうゆ……大さじ1
みりん……大さじ1
砂糖……小さじ1

作り方

❶なすは縦半分に切ってさらに横半分に切り、ななめに5mmほどの格子状の切り込みを入れる。
❷フライパン全体にサラダ油を入れて中火にかけ、❶を片面ずつ揚げるように焼く。
❸鍋に 調味料 を入れて加熱し、ふつふつしたら❷のなすを加えて火を止めて冷ます。

なすとピーマンのみそ炒め

材料（冷蔵3-4日／冷凍約2週間）

なす……3本（約300g）
ピーマン……3個
サラダ油……小さじ2
とうがらし（輪切り）……1/2本
煎りごま……適量

調味料

みそ……小さじ2
砂糖……小さじ1
料理酒……小さじ2
しょうゆ……小さじ1

作り方

❶なすは乱切りにする。ピーマンは縦半分に切ってから乱切りにする。
❷フライパンにサラダ油をひいて中火にかけ、❶のなすとピーマンを加え、少し焼き色がついたらフタをして中弱火で2分加熱する。
❸ 調味料 、とうがらし、ごまを加え、水分が飛ぶまで炒める。

さまざまな調理方法でおいしくいただけるなす。
油との相性がいいので、特に炒めものは絶品です。

なすのしょうが焼き

材料（冷蔵3-4日／冷凍約2週間）

- なす……3本（約300g）
- しょうが……1/2片
- サラダ油……大さじ1

調味料

- しょうゆ……小さじ2
- 料理酒……小さじ2
- みりん……小さじ1
- 砂糖……小さじ1/2

作り方

❶なすを縦半分に切り、更に縦に1cm幅に切る。しょうがを千切りにする。
❷フライパンにサラダ油を入れ、中火にかけてなすを炒める。
❸なすに焼き目がついたら、しょうが、調味料を加えて、全体にからめる。

なすと長ねぎの肉みそ

材料（冷蔵3-4日／冷凍約2週間）

- なす……3本（約300g）
- 長ねぎ……1本
- しょうが……1片
- サラダ油……小さじ2
- 豚ひき肉……200g
- とうがらし（輪切り）……1本

調味料

- しょうゆ……小さじ2
- みそ……大さじ2
- 料理酒……大さじ1
- 砂糖……小さじ2

作り方

❶なすは1cmの角切り、長ねぎとしょうがはみじん切りにする。
❷フライパンにサラダ油をひいて中火にかけ、ひき肉、とうがらしを炒める。
❸肉の色が変わったら❶のなす、長ねぎ、しょうがを炒め、調味料を加えて、水分が飛んでもったりするまで炒める。

ピーマン

ピーマンとちくわのきんぴら

材 料（冷蔵3-4日／冷凍約2週間）

ピーマン……………………5個（約150g）
ちくわ……………………………………4本
ごま油…………………………………小さじ2
とうがらし（輪切り）………………1/2本
煎りごま………………………………小さじ2

調味料

料理酒…………………………………大さじ1
みりん…………………………………大さじ1
しょうゆ………………………………小さじ2

作り方

❶ピーマンは細切り、ちくわは斜め切りにする。
❷フライパンにごま油をひいて中火にかけ、❶のピーマン、ちくわを炒める。
❸焼き色がついたら 調味料 ととうがらし、ごまを加え、水分が飛ぶまで炒める。

ピーマンの肉詰め

材 料（冷蔵3-4日／冷凍約2週間）

ピーマン………4個（約120g）
片栗粉…………………………適量
サラダ油…………………小さじ1

肉だね

豚ひき肉………150g
玉ねぎ（みじん切り）………………1/3個
パン粉……大さじ1（約7g）
料理酒……大さじ1・1/2
塩………小さじ1/4
こしょう………小さじ1/4

ソース

ケチャップ…………大さじ2
ウスターソース………大さじ1/2
みりん………大さじ1/2
しょうゆ…………小さじ1

作り方

❶ピーマンは半分に切る。
❷ボウルに玉ねぎと 肉だね を入れ、粘り気がでるまで混ぜたら、ピーマンの内側に片栗粉をふって肉だねを詰める。
❸フライパンにサラダ油をひいて、❷を肉の面から焼く。焼き色がついたら上下を返し、フタをして弱火で4分蒸し焼きにしてお皿に取り出し、そのままのフライパンに ソース の材料を入れて加熱し、軽く煮立たせる。

おいしいピーマンを見分けるコツは、ハリがあり、
ツヤっとしたものを選ぶことです。ぜひお弁当のおかずにも。

ピーマンとツナのオイル炒め

材料（冷蔵3-4日／冷凍約2週間）

ピーマン……5個（約150g）
ツナ缶……1缶
オリーブ油……小さじ2
しょうゆ……小さじ1/2
塩……少々
こしょう……適量

作り方

❶ピーマンは縦半分、更に縦4等分にする。ツナ缶はオイルを切る（P69）。
❷フライパンにオリーブ油をひいて中火にかけ、ピーマンを入れ炒める。
❸ピーマンに焼き色がついたら、他の材料もすべて加えて、水分が軽く飛ぶまで炒める。

ピーマンと鶏肉のカレー炒め

材料（冷蔵3-4日／冷凍約2週間）

ピーマン……5個（約150g）
鶏もも肉……1枚（約300g）
サラダ油……小さじ1

調味料

カレー粉……小さじ1
しょうゆ……小さじ2
料理酒……大さじ1
砂糖……小さじ1
こしょう……適量

作り方

❶鶏肉は余分な筋と脂を取り除き一口大、ピーマンは乱切りにする。
❷フライパンにサラダ油をひいて中火で熱し、❶の鶏肉を皮から焼く。
❸皮に焼き色がついたら❶のピーマンを加えて炒める。
❹ピーマンにも焼き色がついたら、調味料を加えてフタをして弱火で2分蒸し焼きにする。フタを取り、水分を軽く飛ばす。

じゃがいも

基本のポテトサラダ

材料（冷蔵2-3日／冷凍なし）

きゅうり……1/2本
玉ねぎ………1/3個
にんじん……1/3本
ハム………………4枚
じゃがいも（中）
……3個（約360g）

調味料

マヨネーズ……………………大さじ4
塩…………………………………少々
こしょう…………………………適量

作り方

❶きゅうりは輪切り、玉ねぎは薄切りにし、塩少々（分量外）をふって10分置いて水分をしっかり絞る。にんじん、ハムは細切りにする。
❷じゃがいもは芽を取って皮をむき、小さく切って柔らかくなるまでゆでる。その湯でにんじんも同じようにゆでる。
❸じゃがいもをボウルに取り出して潰し、❶のきゅうり、玉ねぎ、ハム、❷のにんじん、調味料を加えてよく混ぜる。

じゃがいもの ナポリタン風炒め

材料（冷蔵3-4日／冷凍約2週間）

じゃがいも（中）
……………2個（約240g）
ピーマン…………………2個
玉ねぎ……………………1/3個
ウインナー………………4本
バター……………………10g

調味料

ケチャップ……………………大さじ2
ウスターソース………………小さじ1
塩…………………………………少々
こしょう…………………………適量

作り方

❶じゃがいもは芽を取り、皮をむいて1cm幅の棒状に切る。耐熱容器に水大さじ1とともに入れふんわりとラップをしてレンジで2分加熱する。
❷ピーマンを5mm幅の輪切りにする。玉ねぎを5mm幅の薄切りにする。ウインナーを1cm幅の斜め切りにする。
❸フライパンにバターをひいて、❶、❷を炒める。
❹焼き色がついたら調味料を加えて、水分を飛ばす。

男爵はホクホク、メークインは煮崩れしにくい性質。
それぞれの特徴を活かして使い分けてください。

じゃがいもの甘みそ炒め

材 料（冷蔵3-4日／冷凍約2週間）

じゃがいも（中）…………2個（約240g）
サラダ油……………………………小さじ2

調味料

みそ ……………………………………小さじ2
しょうゆ………………………………小さじ1
砂糖 ……………………………………小さじ1
料理酒…………………………………大さじ1

作り方

❶じゃがいも芽を取り、皮をむいて大きめの一口大に切る。耐熱容器に水大さじ1とともに入れてふんわりとラップをして、レンジで3分加熱する。調味料をまぜておく。
❷フライパンにサラダ油をひいて、❶を炒める。
❸じゃがいもに焼き目がついたら、余分な油をキッチンペーパーなどでふき取り、調味料を加えて、水分が飛ぶまで炒める。

じゃがいもとひき肉のピリ辛炒め

材 料（冷蔵3-4日／冷凍約2週間）

じゃがいも（中）…………2個（約240g）
豚ひき肉……………………………………100g
サラダ油………………………………小さじ1

調味料

麺つゆ………………………………大さじ1
豆板醤……………………………小さじ1/3
砂糖 ………………………………小さじ1/2
料理酒……………………………大さじ1/2

作り方

❶じゃがいもは芽を取り、皮をむいて一口大に切る。耐熱容器に水大さじ1とともに入れ、ふんわりとラップをしてレンジで3分加熱する。調味料を混ぜておく。
❷フライパンにサラダ油をひいて、豚ひき肉を炒める。肉の色が変わったら、❶のじゃがいもを加える。
❸焼き色がついたら余分な油をキッチンペーパーなどで拭き、調味料を加えて、水分が飛ぶまで炒める。

玉ねぎ

玉ねぎのおかか和え

材料（冷蔵3-4日／冷凍約2週間）

玉ねぎ……………………2個（約400g）
かつお節……………………………10g
麺つゆ……………………………大さじ1

作り方

❶玉ねぎをくし切りにする。玉ねぎを5分ほどゆでる。
❷ボウルに玉ねぎ、かつお節、麺つゆを入れて和える。

玉ねぎたっぷりキーマカレー

材料（冷蔵2-3日／冷凍約2週間）

玉ねぎ
…2個（約400g）
にんじん………1本
ニンニク………2片
しょうが………1片
合いびき肉……300g
サラダ油
（オリーブ油でも可）
……………小さじ2

調味料

ケチャップ……………………大さじ4
カレー粉………………………大さじ2
ウスターソース………………大さじ2
顆粒コンソメ…………………小さじ2
こしょう…………………………適量
砂糖……………………………小さじ1/2

作り方

❶玉ねぎ、にんじん、ニンニク、しょうがはみじん切りにする。
❷フライパンにサラダ油をひいて中火で熱し、❶のニンニク、しょうがを炒める。香りが立ってきたらひき肉を炒める。
❸肉の色が変わったら、❶の玉ねぎ、にんじんを加えて炒める。玉ねぎが透き通ってきたら、調味料を加え、水分が飛んで、もったりするまで炒める。

名脇役であり主役にもなる使い勝手のよい野菜。
新玉ねぎの時期は旬の甘さを楽しんで。

玉ねぎとツナのガーリックコンソメ炒め

材料（冷蔵3-4日／冷凍約2週間）

- 玉ねぎ……2個（約400g）
- ニンニク……1片
- ツナ缶……2缶
- オリーブ油……小さじ2
- 顆粒コンソメ……小さじ1・1/2
- 料理酒……小さじ2
- こしょう……適量

作り方

❶玉ねぎをくし切りにする。ニンニクをみじん切りにする。ツナ缶のオイルを切る（P69）。
❷フライパンにオリーブ油をひいて❶のニンニクを炒め、香りが立ってきたら、❶の玉ねぎを加え少し焼き目がつくまで炒める。
❸❶のツナ缶、コンソメ、料理酒、こしょうを加えて炒める。

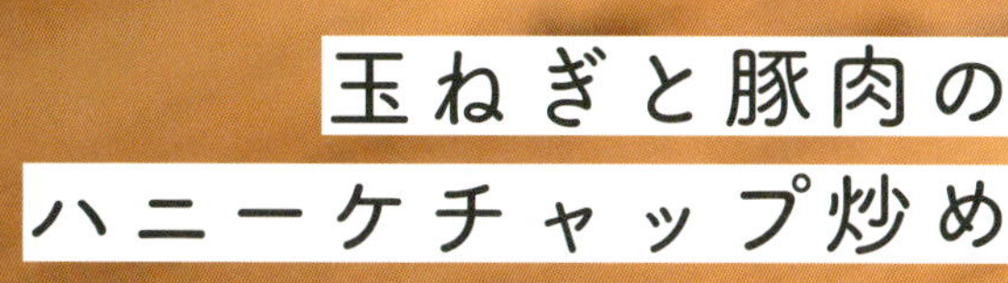

玉ねぎと豚肉のハニーケチャップ炒め

材料（冷蔵3-4日／冷凍約2週間）

- 玉ねぎ……2個（約400g）
- 豚ロースの薄切り肉……300g
- サラダ油……小さじ1

調味料

- ケチャップ……大さじ2
- はちみつ……小さじ2
- しょうゆ……小さじ2
- 顆粒コンソメ……小さじ1
- 料理酒……大さじ1

作り方

❶玉ねぎをくし切りにする。豚肉を食べやすい大きさに切る。
❷フライパンにサラダ油をひいて中火で熱し、❶の豚肉を焼く。肉の色が変ったら、❶の玉ねぎを加える。
❸玉ねぎに焼き色がついたら、調味料を加えて、水分が飛ぶまで炒める。

きのこ類

きのことベーコンの麺つゆバター炒め

材料（冷蔵3-4日／冷凍約2週間）

好みのきのこ類……300g
ベーコン……50g
バター……10g
麺つゆ……小さじ2
こしょう……適量

作り方

❶きのこ類は食べやすい大きさに切る。ベーコンは短冊切りにする。
❷フライパンにバターをひいて中火で熱し、焼き色がつくまで❶を炒める。
❸麺つゆ、こしょうを加えて炒める。

しいたけの佃煮

材料（冷蔵4-5日／冷凍約2週間）

しいたけ……8個（約200g）
しょうが……1片

調味料

料理酒……大さじ2
しょうゆ……大さじ1・1/2
みりん……大さじ1
砂糖……大さじ1
顆粒和風だしの素……小さじ1
水……100ml

作り方

❶しいたけは石づきを取り、かさは半分に切ってそれぞれ3等分に切る。軸は薄切りにする。
❷鍋にしいたけ、しょうが、調味料を入れ、沸騰してきたら、フタをして弱火で10分煮る。
❸10分経ったらフタを取り、煮汁が少なくなるまで煮る。

種類によって異なる、風味や食感を楽しめる食材。
炒める、煮る、焼くなどさまざまな調理方法でおいしくいただけます。

きのこの和風マリネ

材 料（冷蔵3-4日／冷凍約2週間）

好みのきのこ類
（エリンギ、しめじ、舞茸など）……300g
ごま油……大さじ1

調味料

みりん……大さじ2
しょうゆ……大さじ1
酢……大さじ1
顆粒和風だしの素……小さじ1/2

作り方

❶きのこ類は食べやすい大きさに切る。
❷フライパンにごま油をひいて中火で熱し、❶を炒める。焼き色がついたら調味料を加えて軽く炒める。

エリンギの明太マヨ炒め

材 料（冷蔵3-4日／冷凍約2週間）

エリンギ……2パック（約200g）
明太子……40g
マヨネーズ……大さじ1
料理酒……小さじ2

作り方

❶エリンギを5mm幅に切る。明太子は皮を取り除き、ほぐす。
❷フライパンにマヨネーズを入れ中火で熱し、エリンギを炒める。
❸エリンギに焼き色がついたら、❶の明太子、料理酒を加えてさっと炒める。

ねぎ

長ねぎのナムル

材料（冷蔵2-3日／冷凍約2週間）

長ねぎ……………………2本（約200g）
煎りごま……………………小さじ2

調味料

鶏がらスープの素……………小さじ1
ごま油……………………小さじ2
こしょう……………………適量

作り方

❶長ねぎは斜めに薄く切り、耐熱容器に入れてふんわりラップをし、レンジで2分加熱する。
❷ごま、調味料を加えて和える。

長ねぎと豚こまのキムチ炒め

材料（冷蔵3-4日／冷凍約2週間）

長ねぎ……………………2本（約200g）
豚こま切れ肉……………………200g
サラダ油……………………小さじ1
キムチ……………………150g

調味料

しょうゆ……………………小さじ1
料理酒……………………小さじ1
みりん……………………小さじ1
鶏がらスープの素……………小さじ1/2
ニンニク（すりおろし）………小さじ1/4

作り方

❶長ねぎは5mm幅の斜め切りにする。
❷豚肉を食べやすい大きさに切る。
❸フライパンにサラダ油をひいて中火で熱し、❷を炒める。肉の色が変わったら❶を加え、長ねぎがしんなりしてきたらキムチ、調味料を加えて、炒める。

香ばしく焼いたり、とろとろに煮込んだり、
いろいろな食べ方を楽しんで。

ねぎみそ

材 料（冷蔵3-4日／冷凍約1か月）

長ねぎ……2本（約200g）
ごま油……大さじ1
かつお節……4g

調味料

みそ……大さじ3
みりん……大さじ3
砂糖……大さじ1
しょうゆ……小さじ1
料理酒……大さじ2
しょうが（すりおろし）……小さじ1

作り方

❶長ねぎはみじん切りにする。調味料を混ぜておく。
❷フライパンにごま油をひいて中火で熱し、長ねぎを炒める。しんなりしてきたらかつお節、調味料を加え、もったりするまで炒める。

長ねぎの焼き浸し

材 料（冷蔵3-4日／冷凍約2週間）

長ねぎ……2本（約200g）
サラダ油……小さじ1・1/2

調味料

水……大さじ4
麺つゆ……大さじ1・1/2
しょうが（すりおろし）……小さじ1/3

作り方

❶長ねぎは5cm幅に切る。
❷フライパンにサラダ油をひいて中火で熱し、❶を焼く。片面が焼けたら上下を返してフタをし、2分弱火で蒸し焼きにする。
❸2分たったらフタをあけ、余分な油をキッチンペーパーで拭き、調味料を加える。ふつふつとしたら再度フタをして1分弱火で蒸し焼きにする。

ブロッコリー

ブロッコリーとエビのサラダ

材料(冷蔵2-3日／冷凍なし)

ブロッコリー……1株(約300g)
むきエビ……12匹
卵……3個
マヨネーズ……大さじ4
塩……ひとつまみ
こしょう……適量

作り方

❶ブロッコリーは小房に分ける。
❷ブロッコリーとエビをゆでる。卵はかために ゆで、ゆで卵にして食べやすい大きさに切る。
❸ボウルに❷、マヨネーズ、塩、こしょうを入れて混ぜる。

ブロッコリーとベーコンのバター炒め

材料(冷蔵3-4日／冷凍約2週間)

ブロッコリー……1株(約300g)
ベーコン……50g
バター……10g
塩……少々
こしょう……適量

作り方

❶ブロッコリーは小房に分けて耐熱容器に入れ、ふんわりとラップをしてレンジで2分半加熱する。ベーコンを短冊切りにする。
❷フライパンにバターをひいて中火で熱し、ベーコン、ブロッコリーを炒める。
❸焼き色がついたら、塩、こしょうをふる。

ビタミンCが豊富な野菜。
余りがちな茎も工夫次第でおいしくいただけます。

ブロッコリーの茎でザーサイ風

材 料（冷蔵3-4日／冷凍約2週間）

ブロッコリーの茎……1株分（約100g）
煎りごま……適量

調味料

ごま油……小さじ1
しょうゆ……小さじ1/2
鶏がらスープの素……小さじ1/2
ラー油……お好みで

作り方

❶ブロッコリーの茎は皮を厚めにむき、薄い短冊切りにする。耐熱容器にブロッコリーと水大さじ1/2（分量外）を入れてふんわりとラップをして、レンジで2分加熱する。
❷ごま、調味料を加えて混ぜる。

ブロッコリーのごまみそ和え

材 料（冷蔵3-4日／冷凍約2週間）

ブロッコリー……1株（約300g）
すりごま……大さじ1

調味料

みそ……小さじ1・1/2
しょうゆ……小さじ1/2
料理酒……小さじ2
みりん……小さじ2

作り方

❶ブロッコリーを小房に分けて耐熱容器に入れ、ふんわりとラップをしてレンジで2分半加熱する。
❷調味料を❶とは別の耐熱容器に入れて混ぜ、レンジで30秒加熱する。
❸ボウルに❶と❷の調味料を入れて和える。

にんじん

にんじんとごぼうのきんぴら

材 料（冷蔵3-4日／冷凍約2週間）

にんじん……………………1本（約150g）
ごぼう……………………………………1本
ごま油…………………………小さじ2
煎りごま………………………大さじ1

調味料

しょうゆ………………………小さじ2
みりん…………………………小さじ2
料理酒…………………………小さじ2
砂糖……………………………小さじ1
顆粒和風だしの素………………小さじ1

作り方

❶にんじん、ごぼうは細切りにして、ごぼうは水に10分浸す。
❷フライパンにごま油をひいて中火で熱し、にんじんと水気を切ったごぼうを炒める。しんなりしてきたら、ごま、調味料を加えて、水分が飛ぶまで炒める。

にんじんのチヂミ

材 料（冷蔵3-4日／冷凍約2週間）

にんじん
　…2本（約300g）
卵……………………1個
しょうゆ……小さじ1
和風顆粒だしの素
　………小さじ1/2
小麦粉………大さじ3
片栗粉………大さじ3
ごま油………小さじ2

タレ

しょうゆ……小さじ1
お酢………小さじ1
ごま油……小さじ1/2
ニンニク（すりおろし）
　………小さじ1/8
砂糖……小さじ1/4
煎りごま……小さじ1

作り方

❶にんじんは千切りにする。
❷ボウルに❶、卵、しょうゆ、顆粒だし、小麦粉、片栗粉を入れてよく混ぜる。
❸フライパンにごま油（小さじ1）をひいて中火で熱し❷の半量を焼く。片面に焼き色がついたら上下を返し、フタをして2分蒸し焼きにしたら、焼き色がつくまで焼く。残りの半量も同様に焼く。
❹タレを混ぜて添える。

栄養価が高く、抗酸化作用も。
何にでも加えやすく、彩りも鮮やかになります。

にんじんしりしり

材 料（冷蔵3-4日／冷凍約2週間）

- にんじん……2本（約300g）
- 卵……2個
- かつお節……4g
- ごま油……小さじ2

調味料

- しょうゆ……大さじ1
- みりん……小さじ2
- 顆粒和風だしの素……小さじ1

作り方

❶にんじんは細切りにする。卵を溶く。
❷フライパンにごま油をひいて中火で熱し、❶のにんじんを炒める。しんなりしてきたら 調味料 を加え、水分が飛んできたら卵、かつお節を加えて炒める。

にんじんのツナマヨ和え

材 料（冷蔵3-4日／冷凍なし）

- にんじん……1本（約150g）
- ツナ缶……1缶

調味料

- マヨネーズ……大さじ2
- 麺つゆ……小さじ1
- こしょう……適量

作り方

❶にんじんは細切りにし、耐熱容器に入れてふんわりとラップをしてレンジで2分加熱する。
❷ボウルに❶、オイルを切ったツナ缶（P69）、調味料 を入れ、和える。

大根

大根とひき肉の煮物

材料（冷蔵3-4日／冷凍約2週間）

大根……1/4本（約300g）
豚ひき肉……150g
サラダ油……小さじ1

調味料

水……100ml
しょうゆ……小さじ2
顆粒和風だしの素……小さじ1
しょうが（すりおろし）……小さじ1/4
砂糖……小さじ1
料理酒……大さじ1

水溶き片栗粉

片栗粉……小さじ1
水……小さじ2

作り方

❶大根は皮をむいて1cm幅のいちょう切りにする。
❷フライパンにサラダ油をひいて中火で熱し、❶、ひき肉を炒める。
❸軽く焼き色がついたら 調味料 を加え、フタをして弱火で10分煮る。10分たったら、混ぜた 水溶き片栗粉 を回しかけ、とろみがつくまで加熱する。

大根のおかか和え

材料（冷蔵3-4日／冷凍なし）

大根……1/4本（約300g）
とうがらし……1/2本
かつお節……2g

調味料

白だし……大さじ1
砂糖……小さじ1/2
しょうゆ……小さじ1
塩……少々

作り方

❶大根は皮をむいて1cm角の棒状に切る。とうがらしは種を取り、輪切りにする。
❷保存袋に❶の大根、とうがらし、かつお節と 調味料 を入れて揉み、1時間ほど冷蔵庫で休ませる。

葉に近いほうは水分が多くて甘みがあるのでサラダに。
下部は辛みがあるので大根おろしや煮物に。

大根とカリカリじゃこの和風サラダ

材 料（冷蔵2-3日／冷凍なし）

大根……1/4本（約300g）
大葉……3～4枚
かいわれ大根……1パック
梅干し……2個
ちりめんじゃこ……20g
麺つゆ……大さじ1
ごま油……小さじ1

作り方

❶大根は皮をむいて細切り、大葉は千切りにする。かいわれ大根は半分に切る。梅干しは種を取って包丁でたたく。ちりめんじゃこはフライパンでカリカリになるまで乾煎りする（水や油を使わずに炒める）。
❷ボウルに❶、麺つゆ、ごま油を加えて和える。

大根とにんじんのきんぴら

材 料（冷蔵3-4日／冷凍約2週間）

大根……1/4本（約300g）
にんじん……1/2本
油揚げ……1枚
ごま油……小さじ2

調味料

みりん……大さじ1/2
料理酒……大さじ1/2
みそ……小さじ2
砂糖……小さじ1/2
顆粒和風だしの素……小さじ1/2

作り方

❶大根、にんじん、油揚げは細切りにする。調味料を混ぜておく。
❷フライパンにごま油をひいて中火で熱し、❶の大根、にんじん、油揚げを炒める。大根が透き通ってきたら調味料を加え、水分が飛ぶまで炒める。

ほうれん草・小松菜

ほうれん草と油揚げの煮浸し

材料（冷蔵2-3日／冷凍約2週間）

ほうれん草……1束（約200g）
油揚げ……2枚
水……200ml

調味料

しょうゆ……大さじ1
みりん……大さじ1
料理酒……大さじ1
顆粒和風だしの素……小さじ1

作り方

❶ほうれん草は茎を30秒ゆで、全体を1分ゆでる。さわれるくらいに冷めたら水分を絞り、3cm幅に切る。油揚げはざるにのせて両面熱湯をかけ、冷めたら細切りにする。
❷鍋に❶、水、調味料を入れ、軽く煮立てる。

ほうれん草のごま和え

材料（冷蔵2-3日／冷凍約2週間）

ほうれん草……1束（約200g）
すりごま……大さじ1・1/2

調味料

しょうゆ……小さじ1
砂糖……小さじ1
顆粒和風だしの素……小さじ1/2

作り方

❶ほうれん草は茎を30秒、全体を1分ゆでる。さわれるくらいに冷めたら水分を絞り、3cm幅に切る。
❷ボウルに❶、すりごま、調味料を入れて和える。

ビタミン類が豊富なので、日々の食卓にぜひ取り入れたい食材。
ごはんのお供や、あと一品欲しいときにぜひ。

小松菜としらすのふりかけ

材料（冷蔵3-4日／冷凍約2週間）

小松菜……1束（約200g）
しらす……40g
煎りごま……大さじ1
ごま油……小さじ2

調味料

しょうゆ……大さじ1/2
砂糖……小さじ1
みりん……小さじ1
料理酒……小さじ1
顆粒和風だしの素……小さじ1/2

作り方

❶小松菜を5mm幅に刻む。
❷フライパンにごま油をひいて中火で熱し、しらすを炒める。
❸しらすがカリッとしたら❶、調味料、ごまを加え、水分が飛ぶまで炒める。

小松菜と鶏肉のそぼろ

材料（冷蔵3-4日／冷凍約2週間）

小松菜……1束（約200g）
にんじん……1/2本
サラダ油……小さじ1
鶏ひき肉……200g

調味料

麺つゆ……大さじ2
料理酒……小さじ2

作り方

❶小松菜を5mm幅に刻む。にんじんは細切りにする。
❷フライパンにサラダ油をひいて中火で熱し、ひき肉を炒める。
❸肉の色が変わったら❶を加える。にんじんがしんなりしたら、調味料を加えて水分が飛ぶまで炒める。

白菜

白菜とツナの和えもの

材料（冷蔵2-3日／冷凍なし）

白菜……1/4個（約500g）
塩……小さじ1
ツナ缶……1缶
煎りごま……大さじ2

調味料

麺つゆ……大さじ1
砂糖……小さじ1/2
ごま油……小さじ1
鶏がらスープの素……小さじ1

作り方

❶白菜は1.5cm幅に切り、塩をふって揉み、15分ほど置いてから水分をしっかり絞る。
❷ボウルに❶、ツナ缶（オイルごと）、煎りごま、調味料を入れて和え、冷蔵庫で1時間ほど休ませる。

白菜と豚バラ肉の旨塩煮

材料（冷蔵3-4日／冷凍約2週間）

白菜……1/4個（約500g）
豚バラ肉……150g
水……大さじ2

調味料

鶏がらスープの素……小さじ1・1/2
塩……少々
しょうが（すりおろし）……小さじ1/2
料理酒……大さじ3

水溶き片栗粉

水……大さじ1　片栗粉……小さじ2

作り方

❶白菜を3cm幅に切る。豚バラ肉を食べやすい大きさに切る。
❷フライパンに油をひかず、❶の豚バラ肉を炒め焼き色がついたら、❶の白菜、水、調味料を入れる。
❸ふつふつとしたら、フタをして弱火で5分煮る。一度混ぜ合わせて、フタをして更に5分煮る
❹混ぜた水溶き片栗粉を❸に回しかけて混ぜてとろみがつくまで煮る。

サラダはシャキッと、煮物はトロッと、
いろいろな調理方法で味や食感を楽しんで。

白菜と厚揚げの旨煮

材料（冷蔵3-4日／冷凍約2週間）

白菜……1/4個（約500g）
厚揚げ……2枚
えのき……200g
水……150ml

調味料

しょうゆ……大さじ2
顆粒和風だしの素……小さじ1
料理酒……大さじ2
砂糖……大さじ1

作り方

❶白菜は3cm幅、厚揚げは一口大に切る。えのきは石づきを取り除き、手で割く。
❷鍋またはフライパンに❶、水、調味料を入れて中火で熱し、ふつふつとしたらフタをして弱火で15分煮る。

白菜の浅漬け

材料（冷蔵3-4日／冷凍なし）

白菜……1/4個（約500g）
とうがらし……1本
塩……小さじ2/3
塩昆布……10g
白だし……大さじ1・1/2

作り方

❶白菜は3cm幅に切り、塩をふって揉み、15分ほど置いてから水分をしっかり絞る。とうがらしは種を取り、輪切りにする。
❷保存袋に❶、とうがらし、塩昆布、白だしを入れて揉み、冷蔵庫で1時間ほど休ませる。

著者
ひろ

春生まれ。料理ブロガー、社会人。小学生の頃から母親の料理を手伝いはじめ、料理歴は15年以上。おいしく、幸せな気分になれるおうちごはん、料理関係の情報をブログとインスタで発信中。レシピのコンセプトは「ごはんによく合う・簡単・アレンジ」。
https://www.instagram.com/hirosryouri/

STAFF

撮影：原田真理、ひろ、新井大介
デザイン：田山円佳、石堂真菜実（スタジオダンク）
DTP：丸橋一岳（デザインオフィス・レドンド）
編集協力：フィグインク、吉川愛歩

ひとり暮らしのおうちごはん

2025年4月25日　初版発行

著　者　ひ　ろ
発行者　富　永　靖　弘
印刷所　株式会社新藤慶昌堂

発行所　東京都台東区台東2丁目24　株式会社　新星出版社
〒110-0016　☎03(3831)0743

ISBN978-4-405-09462-8